新 事業承継税制の要点を理解する

税理士法人タクトコンサルティング
税理士 玉越賢治 著

税務研究会出版局

はしがき

　中小企業庁によれば、経営者年齢のピークはこの20年間で47歳から66歳へと19歳移動しています。中規模企業の平均引退年齢は67.7歳（小規模事業者は70.5歳）で、平成27年～37年の10年間で70歳を超える中小企業経営者は約245万人、そのうち約半数の127万人（日本企業全体の約3分の1）の後継者が決まっていません。このままの状況を放置すると、中小企業者の廃業の急増により、累計で約650万人の雇用、約22兆円のGDPが失われる可能性があります。

　事業承継における3つの課題、すなわち経営の承継（後継者問題）、経営権の承継（株式承継問題）、事業用資産の承継（財産承継問題）のうち、株式承継問題は経営者の地位の安定・維持、経営の迅速な意思決定にとって必要不可欠です。

　中小企業の株式承継問題については、中小企業庁がいち早く問題意識を持ち、平成13年に「事業承継税制研究会」を発足させました。これに基づいて、翌平成14年に相続税における自社株式の10％評価減特例が創設されましたが、小規模宅地等の評価減制度との選択適用だったこともあり、それほど注目されませんでした。

　同庁は、平成17年「事業承継協議会」を発足させ、平成18年に事業承継を円滑に進めるためのガイドライン（事業承継ガイドライン）を公表しました。さらに、相続税法のみならず、会社法、民法についても検討を重ね、「事業承継関連会社法制等検討委員会　中間報告」、「相続関連事業承継法制等検討委員会　中間報告」等を公表しました。これらに基づき、平成20年に経営承継円滑化法が成立し、翌年の平成21年には事業承継税制が創設されました。事業承継税制は、その後何度かの改正により使い勝手がよくなりましたが、それでも年間利用件数は500件程度（平成27年度、28年度実績）に過ぎません。

　事業承継税制の改正と並行して経営承継円滑化法も改正され、さらに平成

27年には中小企業のM&Aの指針となる「事業引継ぎガイドライン」が公表、平成28年には10年振りに「事業承継ガイドライン」が改訂、平成29年には「事業承継補助金制度」が導入されました。平成30年には、事業承継税制（特例措置）を創設するとともに、M&A（事業譲渡）時の登録免許税・不動産取得税の軽減措置も講じられました。

このように、中小企業をめぐる事業承継施策は、この10年間で大きく変貌しました。

中小企業の事業承継問題の中核である事業承継税制については、様々な要件・制約があったことから利用件数が伸び悩んできましたが、新たに創設された特例措置では、雇用確保要件の実質的撤廃等、問題とされてきた要件・制約の大半が撤廃・軽減されました。

中小企業庁では、この事業承継税制（特例措置）の創設により年間2,000件程度の利用を見込んでいます。

筆者は、平成17年の「事業承継協議会」の発足以来、中小企業庁が主催する各種事業承継関連の委員会や日本商工会議所の税制委員会等の委員を通じて、中小企業の事業承継問題、とりわけ事業承継税制問題に関わってきました。今般の事業承継税制（特例措置）の創設を契機に、経営者・後継者、税理士等の士業専門家、金融機関、経営コンサルタント等の実務家の皆様に、再度、事業承継税制に着目して貰いたいと願い、本書を執筆することにしました。

本書は、事業承継税制（特例措置）に焦点を絞り、専門家が当面の実務で利用する部分、すなわち、経営承継円滑化法に基づく都道府県への認定申請及びその要件、税務署に対する申告について、とりわけ贈与税に係る部分を中心に、条文を忠実に翻訳するよう心がけて解説しています。経営者、後継者等にはAnswer部分を読むことにより事業承継税制（特例措置）の骨格を理解してもらえると考えています。

ただ、薄学非才なため読み辛い箇所も多いのではないかと懸念します。読者諸兄のご批判をお待ちしています。

末筆になりますが、本書刊行にあたっては、株式会社税務研究会の桑原妙枝子様には筆舌に尽くしがたい多大なご迷惑をおかけし、またご助力を賜りました。この場を借りて厚く御礼申し上げます。

平成30年10月

税理士法人タクトコンサルティング
代表社員　税理士　玉越　賢治

目　次

第1章　事業承継税制の概要
- Q1　事業承継に係る贈与税の体系 …………………………………… 2
- Q2　事業承継税制の概要 ……………………………………………… 6
- Q3　事業承継税制の特例措置の概要 ………………………………… 10
- Q4　一般措置と特例措置との関係 …………………………………… 13
- Q5　経営承継円滑化法と事業承継税制（租税特別措置法）の関係 ……… 18

第2章　経営承継円滑化法による都道府県の認定
- Q6　中小企業者の要件 ………………………………………………… 24
- Q7　資産保有型会社 …………………………………………………… 27
- Q8　資産運用型会社 …………………………………………………… 30
- Q9　資産管理会社の例外（事業実態要件） ………………………… 33
- Q10　後継者の要件 ……………………………………………………… 36
- Q11　承継者（先代経営者等）の要件 ………………………………… 39
- Q12　対象株式の要件 …………………………………………………… 41
- Q13　特例承継計画の提出 ……………………………………………… 43
  - 【記載例1　サービス業】 ………………………………………… 46
  - 【記載例2　製造業】 ……………………………………………… 49
  - 【記載例3　小売業】 ……………………………………………… 53
- Q14　認定申請書の提出 ………………………………………………… 56
- Q15　認定の取消し ……………………………………………………… 61
- Q16　報告 ………………………………………………………………… 64
- Q17　贈与者に相続が開始した場合の切替確認 ……………………… 67

第3章　贈与税の納税猶予・免除制度
- Q18　贈与税の納税猶予の適用要件 …………………………………… 70
- Q19　納税猶予分の贈与税額の計算 …………………………………… 75

Q20	贈与税申告書の提出	81
Q21	担保提供	85
Q22	継続届出書の提出	88
Q23	贈与税の納税猶予期限の確定	91
Q24	利子税の納付	95
Q25	贈与税の猶予税額の免除	97
Q26	事業継続が困難な場合の免除	100
Q27	租税回避行為への対応	105

第4章　相続税の納税猶予・免除制度

Q28	相続税の納税猶予の適用要件	110
Q29	納税猶予分の相続税額の計算	113
Q30	相続税申告書の提出と継続届出書の提出	117
Q31	相続税の納税猶予期限の確定と猶予税額の免除	121

第5章　贈与者が死亡した場合の相続税の課税の特例

Q32	みなし相続による相続税の課税	126
Q33	相続税の納税猶予・免除制度の切替制度の適用	128

第6章　メリット・デメリット・留意点

Q34	暦年課税制度と相続時精算課税制度	132
Q35	複数承継者の問題	136
Q36	複数後継者の問題	140

凡　例

本文で使用されている法令通達の略称は、以下のとおりです。

円滑化法、経営承継円滑化法…中小企業における経営の承継の円滑化に
　　　　　　　　　　関する法律

円滑化令、円滑化法令…中小企業における経営の承継の円滑化に関する
　　　　　　　　法律施行令

円滑化規、円滑化法規則…中小企業における経営の承継の円滑化に関す
　　　　　　　　　る法律施行規則

措法、措置法…租税特別措置法

措令…租税特別措置法施行令

措規…租税特別措置法施行規則

措通…租税特別措置法関係通達

相法…相続税法

相令…相続税法施行令

相規…相続税法施行規則

相基通…相続税法基本通達

評基通…財産評価基本通達

担保提供Q&A…非上場株式等についての相続税・贈与税の納税猶予
　　　　　　（担保の提供に関するQ&A）

所法…所得税法

所令…所得税法施行令

所基通…所得税基本通達

法法…法人税法

法令…法人税法施行令

法基通…法人税基本通達

会…会社法

民…民法

【表記】

（例）租税特別措置法第10条の５の４第２項第３号ロ…措法10の５の４
　　　　　　　　　　　　　　　　　　　　　　　　　　②三ロ

　　　本文中では、措置法10条の５の４第２項３号ロ

(注1)　本書の内容は、平成30年9月1日現在の法令・通達等によります。
(注2)　本書では、平成 31 年以降の元号の表記につきましては、便宜上、平成を使用しています。

和暦	西暦
平成31年	2019年
平成32年	2020年
平成33年	2021年
平成34年	2022年
平成35年	2023年
平成36年	2024年
平成37年	2025年
平成38年	2026年
平成39年	2027年

【略語】

本文で使用されている用語の略語は、以下のとおりです。

略語	正式名称又は意味	
	贈与税の納税猶予・免除制度	相続税の納税猶予・免除制度
事業承継税制	非上場株式についての贈与税の納税猶予及び免除制度 措法70の7、70の7の5	非上場株式についての相続税の納税猶予及び免除制度 措法70の7の2、70の7の6 措法70の7の4、70の7の8
贈与税に係る事業承継税制	措法70の7、70の7の5	―
相続税に係る事業承継税制	―	措法70の7の2、70の7の6 措法70の7の4、70の7の8
一般措置	措法70の7～70の7の4	
特例措置	措法70の7の5～70の7の8	
第一種	先代経営者からの株式移転(贈与等)に係るもの	
第二種	先代経営者以外の者からの株式移転(贈与等)に係るもの	
特別	税制措置は、一般措置の適用	
特例	税制措置は、特例措置の適用	
中小企業	会社である中小企業者	
贈与等／承継	贈与又は相続若しくは遺贈	
相続等	―	相続又は遺贈
譲渡等	譲渡又は贈与	
承継会社	(特例)認定贈与承継会社	(特例)認定承継会社 (特例)認定相続承継会社
	事業承継税制の対象会社である中小企業者	
対象株式等	(特例)対象受贈非上場株式等	(特例)対象非上場株式等 (特例)対象相続非上場株式等
後継者(受贈者／相続人等)	(特例)経営承継受贈者 (特例)経営相続承継受贈者	(特例)経営承継相続人等
先代経営者等(承継者／贈与者／被相続人)	(特例)経営承継贈与者	(特例)経営承継相続人等に係る被相続人
納税猶予分の贈与税額等	納税猶予分の贈与税額	納税猶予分の相続税額
(5年間の)承継期間	(特例)経営贈与承継期間	(特例)経営承継期間 (特例)経営相続承継期間

報告基準日	経営贈与報告基準日	経営報告基準日 経営相続報告基準日
資産管理会社／資産保有型会社等	資産保有型会社又は資産運用型会社	
承継時／贈与時等	贈与の時	相続の開始の時
承継日／贈与日等	贈与の日	相続の開始の日
贈与税等	贈与税	相続税
認定支援機関	認定経営革新等支援機関	

第1章
事業承継税制の概要

Q1 事業承継に係る贈与税の体系

贈与税の体系と贈与税の納税猶予・免除制度との関係について教えてください。

A　贈与税は大別すると暦年課税制度と相続時精算課税制度があります。事業承継税制（非上場株式等についての納税猶予及び免除制度）は贈与税に係るものと相続税に係るものがありますが、前者の場合、暦年課税制度と相続時精算課税制度のどちらかの制度を選択することができます。本項では暦年課税制度と相続時精算課税制度との違い、贈与税の体系と事業承継税制との関係、及びどちらを適用した方が良いのかについて説明します。

● 解説

1．贈与税の課税価格

　贈与により財産を取得した者（受贈者）は、原則として、その年中に贈与により取得した財産（受贈財産）の価額の合計額に対して贈与税が課されます（相法21の2）。

　この場合に適用される贈与税の税率は、原則として、暦年課税制度が適用（相法21の7、措法70の2の5）されますが、相続時精算課税制度を選択することもできます（相法21の9、措法70の2の6）。

2．暦年課税制度

　受贈者のその年中の受贈財産の価額の合計額から、110万円の基礎控除額を控除した残額に対して、10％〜55％の累進税率で贈与税が課されます（相法21の5、措法70の2の4、相法21の7、措法70の2の5）。

3．相続時精算課税制度

　その年の1月1日における20歳以上の直系卑属である推定相続人又は孫

が、その年の1月1日における60歳以上の贈与者から贈与により財産を取得した場合、受贈者は、その受贈財産から累計2,500万円の特別控除額を控除した残額について20％の税率を乗じた贈与税の課税を選択することができます（相法21の9～21の13、措法70の2の6）。

この場合において、贈与者の将来の相続時には、その贈与財産は贈与時の価額で相続したものとみなして相続税が課され、贈与時に納付した贈与税額は、相続税額から控除して納付税額を計算します（相法21の15、21の16）。

【暦年課税制度と相続時精算課税制度】

項目	暦年課税制度	相続時精算課税制度
概要	暦年（1月1日から12月31日までの1年間）毎に、その年中に贈与された価額の合計額に対して贈与税を課税する制度	父母から子又は祖父母から孫への贈与について、選択により、贈与時に軽減された贈与税を納付し、相続時に相続税で精算する制度
贈与者	制限なし	60歳以上の父・母、祖父・祖母（贈与者・受贈者ごとに選択可） ※ 住宅取得等資金については、年齢制限なし
受贈者		20歳以上の直系卑属である推定相続人又は孫
選択の届出	不要	必要 （一度選択すると、相続時まで継続適用。選択の撤回不可）
控除	基礎控除額（毎年）：110万円	特別控除額：2,500万円 （限度額まで複数年にわたり使用可）
税率	基礎控除額を超えた部分に対して10％～55％（4,500万円超部分）の累進税率	特別控除額を超えた部分に対して一律20％の税率
適用手続き	贈与を受けた年の翌年3月15日までに、贈与税申告書を提出し、納税	選択を開始した年の翌年3月15日までに、本制度を選択する旨の届出書及び贈与税申告書を提出し、納税
相続時の精算	贈与者の相続税とは切り離して計算（ただし、相続開始前3年以内の贈与財産は、贈与時の評価額で相続財産に加算）	贈与者の相続の際、相続財産に合算して精算（贈与財産は、贈与時の評価額で相続財産に加算）
	贈与税の納税猶予制度を選択した株式等は、贈与時の評価額で相続財産に加算。ただし、相続税の納税猶予制度を選択できる。	

4．贈与税制度と事業承継税制の組合せ

　事業承継税制は、平成21年に暦年課税制度の特例として創設（「一般措置」といいます。）され、相続時精算課税制度の適用を受けることはできませんでした（旧措法70の7③）。

　贈与税に係る事業承継税制を適用して贈与を受けた非上場株式等は、贈与者の死亡時には相続によって取得したものとみなされて相続税の対象となり（措法70の7の3）、その上で相続税に係る事業承継税制を適用することができることになっています（措法70の7の4）。平成30年度に創設された「特例措置」においても同様です（措法70の7の7、70の7の8）。

　一方、贈与税に係る事業承継税制を適用して非上場株式等を贈与した後、事後要件（Q23参照）に抵触して納税猶予期限が確定した場合、相続税より累進度の高い贈与税の暦年課税制度の税率（最高税率55％）による税負担が生じることになります。

　贈与時から相続開始時まで3年を超えているときは「相続開始前3年内贈与」（相法19）の適用はなく、相続時に相続税の税率で精算することができないことから、暦年課税制度による税負担の可能性が事業承継税制の利用を躊躇させる一因となっていました。

　事業承継税制を適用して贈与した非上場株式等は、相続に際して相続時精算課税制度と同じように相続税の対象となる一方で、納税猶予期限確定時には暦年課税制度により課税されるという矛盾を解消するため、平成29年度税制改正により贈与税に係る事業承継税制適用時に相続時精算課税制度を選択できることになりました。

　この改正により、納税猶予期限確定時には相続時精算課税制度による贈与税の負担で済ませ、贈与者の死亡時には暦年課税制度より累進度の低い相続税制度に乗り換えることができるようになりました。ただし、相続時精算課税制度を選択することにつき、注意しておくべき点もあります（Q34参照）。

　なお、平成30年度に創設された「特例措置」では、複数承継者、複数後継者（3人まで）が認められることになったことから、事業承継税制を使って分散株式を後継者に集中することもできます。このため、事業承継税制の特例措置を適用して贈与を受ける際には、贈与者の推定相続人以外の者でも、

相続時精算課税制度を選択できるようになりました（措法70の2の7）。

【贈与税の体系と贈与税の納税猶予・免除制度との関係】

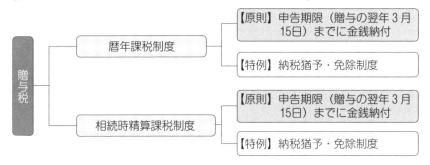

Q2 事業承継税制の概要

事業承継税制（非上場株式等に係る贈与税・相続税の納税猶予及び免除制度）の概要を教えてください。

A　非上場株式等を有していた先代経営者等（贈与者、被相続人）から後継者（受贈者、相続人又は受遺者）がその非上場株式等を贈与等（贈与、相続又は遺贈）により取得した場合において、一定要件を満たしている限り、その非上場株式等に係る贈与税・相続税についての納税を猶予し、贈与者又は相続人等の死亡等一定の場合に免除する制度です。

● 解説 ●

1．贈与税の納税猶予・免除制度

(1) 非上場株式等を有していた贈与者（先代経営者等）が、受贈者（二代目後継者）にその非上場株式等の贈与をした場合において、一定要件に該当するときは、受贈者の納付すべき贈与税額のうち、納税猶予分の贈与税額に相当する贈与税については、選択により贈与者の死亡等の日まで納税を猶予し、受贈者又は贈与者が死亡等した場合に免除します（措法70の7①⑮一、二、70の7の5①⑪）。

平成29年度税制改正により、贈与税の納税猶予制度を適用する際に、それまでの暦年課税制度に加え、相続時精算課税制度を選択することができるようになりました（措法70の7②五ロ、平成30年から70の7の5②ハロ）。ただし、事業承継税制の事後要件に抵触して贈与税の納税猶予期限が確定する場合に相続時精算課税制度を適用できるのは、納税猶予制度の当初申告時に相続時精算課税制度を選択している場合に限られます。

(2) 経営贈与承継期間（贈与税の申告期限から5年間）後に、受贈者（二代目後継者）が(1)で贈与を受けた非上場株式等を次の後継者（三代目）に贈与し、三代目が贈与税の納税猶予制度の適用を受ける場合（猶予継続贈

与)には、二代目の猶予中贈与税額は免除されます(措法70の7⑮三、70の7の5⑪)。

2．相続税の納税猶予・免除制度
(1) 非上場株式等を有していた被相続人(先代経営者等)から相続又は遺贈によりその非上場株式等の取得をした相続人又は受遺者(二代目後継者)が、一定要件に該当するときは、相続人等が納付すべき相続税額のうち、納税猶予分の相続税額に相当する相続税については、選択により相続人等の死亡の日まで納税を猶予し、相続人等が死亡した場合に免除します(措法70の7の2①⑯一、70の7の6①⑫)。
(2) 経営承継期間(相続税の申告期限から5年間)後に、相続人等(二代目後継者)が(1)で相続等した非上場株式等を次の後継者(三代目)に贈与し、三代目が贈与税の納税猶予制度の適用を受ける場合(猶予継続贈与)には、二代目の猶予中相続税額は免除されます(措法70の7の2⑯二、70の7の6⑫)。

3．贈与者が死亡した場合の相続税の課税
(1) 1．(1)の贈与者(先代経営者等)が死亡した場合、その贈与者の死亡に係る相続税については、1．(1)の受贈者(二代目後継者)が贈与者から相続等により1．(1)で取得した非上場株式等を贈与時の価額で取得したものとみなします(措法70の7の3①、70の7の7①)
(2) 1．(2)の猶予継続贈与があった場合において、先代経営者等が死亡したときは、三代目は先代経営者等から非上場株式等を相続又は遺贈により取得したものとみなされ、相続税の課税価格に算入すべき非上場株式等の価額は、二代目に対する贈与時の価額とされます(措法70の7の3②、70の7の7②)。

4．贈与者が死亡した場合の相続税の納税猶予・免除制度への切替え
3．(1)により相続等により取得したものとみなされた非上場株式等について、一定要件に該当するときは、受贈者が納付すべき相続税額のうち、納税

猶予分の相続税額に相当する相続税については、選択により相続人等の死亡の日まで納税が猶予され、相続人等が死亡した場合に免除されます（措法70の7の4①⑫、70の7の8①⑪）。

【事業承継税制を活用した自社株式承継のモデルケース】

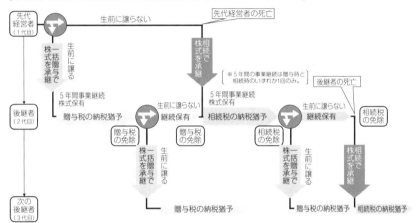

出所：日本商工会議所「平成30年度税制改正に関する意見（事業承継）」一部加工

5．事業承継税制の適用要件

この制度の適用を受けようとする場合には、贈与日の属する年の10月15日から翌年1月15日まで又は相続開始後8か月以内に、各都道府県に対して認定申請書を提出し（円滑化規7②③）、交付された認定書の写しとともに申告期限までに贈与税申告書又は相続税申告書を提出する必要があります（措法70の7①⑨、70の7の5①⑥等）。

この制度の適用を受けるためには、先代経営者等（贈与者、被相続人）、後継者（受贈者、相続人又は受遺者）、対象会社、対象株式等、それぞれについて要件を満たしていることが必要で、かつ、適用開始後の事後要件もあります。

この制度は、事後要件のハードルが高く、使い勝手が悪いと受け止められていたことから利用実績が低迷していましたが、平成25年度税制改正により

平成27年から施行された要件緩和によりようやく注目を浴び、贈与・相続合わせて平成27年度に497件、28年度に441件と、それ以前と比べると2～3倍の伸びを示しています（平成28年度末における累計贈与認定は865件、累計相続認定は1,100件、計1,965件）。

　平成30年度に事業承継税制の特例措置が創設されたことから、中小企業庁は年間2,000件程度の利用を見込んでいます。

Q3 事業承継税制の特例措置の概要

事業承継税制の特例措置の概要について教えてください。

A　平成30年度に創設された事業承継税制（「特例措置」といいます。）は、従来からある事業承継税制（「一般措置」といいます。）の改正ではなく、その特例制度を新たに創設したという位置づけです。事業承継税制の特例措置は、平成30年１月１日から平成39年12月31日までの間に贈与又は相続若しくは遺贈により取得する財産に係る贈与税又は相続税について適用できます。

● 解説

事業承継税制の特例措置の体系は、一般措置の体系と同様に４つの条文から構成されています。

１．贈与税の納税猶予・免除制度（措法70の７の５①）

	要　件　等	参照
①	非上場株式等（注１）を有していた贈与者（先代経営者等（注２））が （注１）　議決権に制限のないものに限る。 （注２）　その非上場株式等について既にこの規定の適用に係る贈与をしているものを除く。	Q11
②	受贈者（二代目後継者）に	Q10
③	その非上場株式等の贈与（注）をした場合において、 （注）　平成30年１月１日から平成39年12月31日までの間の最初のこの特例措置の規定に係る贈与及びその贈与日から５年間の承継期間（受贈者の最初の贈与税申告書の提出期限の翌日以後５年経過日等）の末日までの間に贈与税申告書の提出期限が到来する贈与に限る。	Q６
④	その贈与が一定要件に該当するときは、	Q12
⑤	その受贈者（二代目後継者）の納付すべき贈与税額のうち、	Q19
⑥	納税猶予分の贈与税額に相当する贈与税については、	Q19

⑦	贈与税申告書の提出期限までに納税猶予分の贈与税額に相当する担保を提供した場合に限り、	Q21
⑧	贈与者（先代経営者等）の死亡日まで、その納税を猶予する。	Q25

なお、贈与税に係る事業承継税制は、贈与税制度である暦年課税制度又は相続時精算課税制度の特例として位置づけられています。事業承継税制の特例措置は複数承継者及び複数後継者（3名まで）に適用できることから、相続時精算課税制度を適用する際の受贈者の範囲を「推定相続人以外の者」にまで広げています（措法70の2の7①、措通70の2の7－2）。

【贈与税制度と贈与税の納税猶予・免除制度との関係】

贈与税制度	暦年課税制度	相続時精算課税制度
原則	相法21の5（基礎控除60万円） 措法70の2の4（基礎控除の特例110万円） 相法21の7（税率） 措法70の2の5（直系卑属の税率）	相法21の9（直系卑属） 措法70の2の6（孫） 相法21の12（特別控除2,500万円） 相法21の13（税率20％）
贈与税の納税猶予・免除制度	措法70の7（一般措置）	
	措法70の7の5（特例措置）	
		措法70の2の7（相続人以外）

2．相続税の納税猶予・免除制度 （措法70の7の6①）

	要件等	参照
①	非上場株式等（注）を有していた被相続人（先代経営者等）から （注） 議決権に制限のないものに限る。	Q11
②	相続又は遺贈により	
③	その非上場株式等の取得（注）をした相続人等（二代目後継者）が、納付すべき相続税額のうち、 （注） 平成30年1月1日から平成39年12月31日までの間の最初のこの特例措置の規定に係る相続又は遺贈による取得及びその取得日から5年間の承継期間（相続人等の最初の相続税申告書の提出期限の翌日以後5年経過日等）の末日までの間に相続税申告書の提出期限が到来する相続又は遺贈による取得に限る。	Q29

④	納税猶予分の相続税額に相当する相続税については、	Q29
⑤	相続税申告書の申告期限までに納税猶予分の相続税額に相当する担保を提供した場合に限り、	Q21
⑥	相続人等（二代目後継者）の死亡日まで、その納税を猶予する。	Q31

3．贈与者が死亡した場合の相続税の課税 （措法70の7の7①：Q32参照）

	要　件　等
①	1．の適用を受ける贈与者（先代経営者等）が死亡した場合（注）には、 （注）　その死亡日前に猶予中贈与税額の全部につき納税猶予期限が確定した場合及びその死亡時以前に受贈者が死亡した場合を除く。
②	その贈与者（先代経営者等）の死亡による相続又は遺贈に係る相続税については、
③	その受贈者（二代目後継者）がその贈与者（先代経営者等）から相続又は遺贈によりその非上場株式等の取得をしたものとみなす。
④	この場合において、その死亡による相続又は遺贈に係る相続税の課税価格の計算の基礎に算入すべきその非上場株式等の価額については、
⑤	その贈与者（先代経営者等）から贈与により取得をしたその非上場株式等のその贈与時における価額を基礎として計算するものとする。

4．贈与者が死亡した場合の相続税の納税猶予・免除制度への切替え

（措法70の7の8①：Q33参照）

	要　件　等
①	3．の規定により特例贈与者（先代経営者等）から
②	相続又は遺贈により取得をしたものとみなされた非上場株式等につき
③	この規定の適用を受けようとする受贈者（二代目後継者）が、
④	その相続税申告書の提出により納付すべき相続税額のうち、
⑤	その非上場株式等に係る納税猶予分の相続税額に相当する相続税については、
⑥	相続税申告書の提出期限までに納税猶予分の相続税額に相当する担保を提供した場合に限り、
⑦	その受贈者（二代目経営者）の死亡の日まで、その納税を猶予する。

Q4 一般措置と特例措置との関係

事業承継税制の一般措置と特例措置との関係を教えてください。

A 　平成30年度に創設された事業承継税制（「特例措置」といいます。）は、従来からある事業承継税制（「一般措置」といいます。）の改正ではなく、その特例制度を新たに創設したという位置づけです。
　したがって、事業承継税制を適用するに当たって、制度上は、一般措置、特例措置のいずれかを適用することができますが、一般措置と比較して特例措置の方が適用要件、対象範囲等あらゆる点で優っていることから、特例措置を適用できる期間においては、特例措置を採用することになります。

● 解説

　平成30年度税制改正で、事業承継税制の特例措置が創設されました。
　特例措置は、平成30年1月1日から平成39年12月31日までの間の贈与又は相続若しくは遺贈（以下「贈与等」といいます。）により取得する非上場株式等について適用され、その間は、一般措置と特例措置とが併存することになります。
　ただし、特例措置は、下記の通り一般措置と比較して有利であるため、この特例制度が適用できる10年間は、特例措置が使われることになります。
　特例措置は、一般措置の特例制度という位置づけのため、特例贈与者、特例経営承継受贈者、特例被相続人、特例経営承継相続人等、特例認定（贈与）承継会社、特例円滑化法認定、特例経営（贈与）承継期間、特例承継計画等、各用語に「特例」という語が冠されています。一般措置と比較した特例措置の特徴は次の通りです。

1．対象株式数の上限撤廃、相続税の猶予割合の引上げ

後継者が、非上場会社（以下、「承継会社」といいます。）の代表者から、贈与等により、その非上場株式等（以下、「対象株式等」といいます。）を取得した場合、その取得した全株式に係る贈与税又は相続税の全額の納税を猶予します。

2．複数後継者の認容

後継者は、承継会社の代表権を有し、同族関係者のうち最も多くの議決権を有する者を含め上位3名までの者で、議決権数の10％以上を有する者とします。

3．複数承継者の認容

後継者が、承継会社の代表者以外の者から贈与等により取得する対象株式等についても、承継期間（5年）内に贈与等に係る申告書の提出期限が到来するものに限り、特例措置の対象となります。

4．雇用確保要件の弾力化（実質撤廃）

5年平均で承継時の雇用者数80％水準を確保しなくても、都道府県に対してその理由を記載した書類を提出すれば、納税猶予期限は確定しません。

5．減免制度の創設

経済環境の変化を示す一定要件（注1）を満たす場合、承継期間（5年）経過後に、承継会社の株式等を譲渡、合併による消滅、解散する等の時は、その譲渡又は合併の対価の額（その時の相続税評価額の50％相当額が下限）又は解散時の相続税評価額を基に再計算した贈与税額等を納付することとし、再計算した税額が当初の納税猶予税額を下回る場合には、その差額を免除します。

6．再減免制度の創設

対象株式等を譲渡する又は承継会社が合併により消滅する場合において、

対価の額がその時の相続税評価額の50％相当額を下回るときは、一定要件（注２）のもと、５．で再計算した税額の納付を猶予し、実際の譲渡又は合併の対価の額を基に再々計算した贈与税額等を納付することとし、その再々計算した贈与税額等が猶予税額を下回る場合には、その差額を免除します。

７．直系尊属以外からの贈与について相続時精算課税制度の適用

20歳以上である後継者が、直系尊属ではない60歳以上の贈与者から受ける対象株式等の贈与について、相続時精算課税制度の適用を受けることができます。

８．その他の要件

その他の要件については、一般措置と同様です。

９．一般措置について複数承継者の認容

一般措置にも、３．の複数贈与者からの贈与等を認めます。

10．適用要件

特例措置の適用を受けるには、平成30年４月１日から平成35年３月31日までの間に特例承継計画を都道府県に提出し、確認を受ける必要があります。

11．適用期間

特例措置は、平成30年１月１日から平成39年12月31日までの間に贈与等により取得する財産に係る贈与税又は相続税について適用します。

（注１）　経済環境の変化を示す一定要件
　次のいずれかに該当する場合をいいます。ただし、承継会社が解散をした場合は、ホを除きます。
イ　直前の事業年度終了の日以前３年間のうち２年以上、承継会社が赤字である場合
ロ　直前の事業年度終了の日以前３年間のうち２年以上、承継会社の売上高が、その年の前年の売上高に比して減少している場合

ハ　直前の事業年度終了の日における承継会社の有利子負債の額が、その日の属する事業年度の売上高の6か月分に相当する額以上である場合
ニ　承継会社の事業が属する業種に係る上場会社の株価（直前の事業年度終了の日以前1年間の平均）が、その前年1年間の平均より下落している場合
ホ　後継者が承継会社における経営を継続しない特段の理由があるとき
　ただし、承継会社株式の譲渡等が直前の事業年度終了の日から6か月以内に行われたときは上記イからハまでについて、その譲渡等が同日後1年以内に行われたときは上記ニについて、それぞれ「直前の事業年度終了の日」を「直前の事業年度終了の日の1年前の日」とした場合にそれぞれに該当するときについても、「経営環境の変化を示す一定の要件を満たす場合」に該当するものとします。

（注2）　一定要件
　次のいずれにも該当する場合をいいます。
イ　譲渡又は合併後2年を経過する日において、譲渡後の承継会社又は吸収合併存続会社等の事業が継続していること
ロ　イの会社において承継会社の譲渡又は合併時の従業員の半数以上の者が雇用されていること

　特例措置は、あらゆる項目において一般措置より要件が緩和されているため、特例措置の適用期間において一般措置を適用して贈与等することは考えにくく、この期間は特例措置が選択されることになります。
　経営者が10年以内に相続開始するかどうかは不透明であることを考えると、特例措置は贈与での制度で申請することが望ましいといえます。また、10年以内に贈与しておけば、その経過後に経営者に相続が開始しても、特例措置による相続税納税猶予・免除制度への切替えが認められます。
　事業承継を検討する非上場会社並びに経営者及び後継者にあっては、平成35年3月31日まで（ただし、経営承継円滑化法の認定申請以前）に特例承継計画を都道府県に提出して確認を受け、平成39年12月31日までに承継会社の株式等を贈与した上で都道府県の認定を受け、特例制度の適用を受ける旨の贈与税申告することをお勧めします。
　期間10年とはいえ、はじめの5年間に特例承継計画を提出しておかなければ、特例措置の適用を受けることができません。事業承継問題を抱えている経営者・後継者は、早急に検討を開始すべきでしょう。

【事業承継税制の新旧比較】

		一般措置	特例措置
対象株式		発行済議決権株式数の2/3	2/3の上限を撤廃
猶予割合	贈与税	100%	100%
	相続税	80%	100%
後継者		1人	最大3人（注2）
承継者		先代経営者1人（注1）	先代経営者を含む複数承継者
雇用要件		5年平均8割維持	雇用要件を取消事由から実質除外（注3）
減免		承継期間（5年）経過後で、「譲渡額又は譲渡時価＜猶予税額」の差額を免除	株式を譲渡（M&A）、合併、解散等した場合には、その時点の株式価値（注4）で税額を再計算して差額を免除
相続時精算課税制度		20歳以上の直系卑属である推定相続人又は孫	直系卑属以外への贈与にも適用可能

(注1) 平成30年1月以降の贈与・相続からは先代経営者を含む複数者を対象とします。
(注2) 代表権を有し、かつ、総株主等議決権数の10%以上を有する者に限ります。
(注3) 満たせない理由を記載した書類（認定経営革新等支援機関の意見が必要）を都道府県に提出します。その理由が、経営状況の悪化である場合等には、認定経営革新等支援機関から指導及び助言を受けて、その書類にその内容を記載しなければなりません。
(注4) 譲渡・合併の場合はその時点の相続税評価額の50%を下限とし、2年経過後一定要件を満たした場合に再度免除します。

Q5 経営承継円滑化法と事業承継税制（租税特別措置法）の関係

経営承継円滑化法と事業承継税制（租税特別措置法）の関係を教えてください。

A　事業承継税制の適用を受けるためには、事前に経営承継円滑化法による都道府県知事の認定を受ける必要があります。また、その認定を受けるためには、同法による都道府県知事の確認を受ける必要があります。すなわち、事業承継税制の適用を受ける贈与税又は相続税の申告書を提出するためには、その前段階として経営承継円滑化法（及び同施行規則）の手続きを踏まなければならないということです。

● 解説

1．特例承継計画の提出と確認（経営承継円滑化法：都道府県知事宛）

　事業承継税制（特例措置）の適用を受けるためには、経営承継円滑化法による特例承継計画（様式第21）を都道府県知事（東京都の窓口は、産業労働局 商工部 経営支援課）に提出し、確認を受ける必要があります（円滑化規17①一、④）。

　特例承継計画には、経営者の氏名、後継者の氏名、事業承継の時期、承継時までの経営の見通し、承継後5年間の経営計画等に加え、認定経営革新等支援機関（注）の所見等（指導及び助言）が必要となります。

　ちなみに、対象株式等を後継者が取得した後に特例承継計画を提出する場合には、様式第21の「4　特例代表者（先代経営者等）が有する株式等を特例後継者（二代目後継者）が取得するまでの期間における経営の計画」は記載を省略することができます。

（注）認定経営革新等支援機関：中小企業経営力強化支援法に基づき、国が認定した税理士、公認会計士、弁護士、商工会議所、商工会、金融機関等で、中小企業の経営課題に対して事業計画策定支援等を行います。

2．特例承継計画の記載事項

特例承継計画の作成に当たっては、次のことに留意する必要があります。
① 特例承継計画に後継者として氏名を記載した方でなければ、事業承継税制の認定を受けることはできません。
② 後継者を変更する場合には、変更申請書による変更手続きを行う必要があります。
③ 後継者が対象株式等を承継した後5年間の経営計画は、具体的な取組内容を記載することになりますが、必ずしも設備投資・新事業展開や売上目標・利益目標について記載する必要はありません。また、承継会社が持株会社である場合には、その子会社等の取組みを記載する必要があります。
④ 後継者が事業承継税制の適用を受けた後は、事業承継税制の後継者を変更することはできませんが、後継者を複数名（最大3人）記載した場合であって、まだ対象株式等の贈与・相続を受けていない者がいるときは、その後継者に限って変更することはできます。

3．贈与又は相続

贈与による移転の場合、贈与者（先代経営者等）と受贈者（後継者）との間で対象株式等に係る贈与契約を締結します。

相続による移転の場合、遺言書又は遺産分割協議書で、後継者が対象株式等を承継します。

ちなみに、後継者が娘婿や甥姪等相続人でない場合、遺言書に対象株式等をその後継者に遺贈することが明記されている必要があります。

4．認定申請書の提出と認定（経営承継円滑化法：都道府県知事宛）

事業承継税制（特例措置）の適用を受けるためには、贈与又は相続による対象株式等の取得後、経営承継円滑化法による認定申請書を都道府県知事に提出し、認定を受ける必要があります（円滑化規7⑥～⑨⑩）。

5．事業承継税制適用の申告（事業承継税制：税務署宛）

上記の通り、事業承継税制を適用するためには、事前に、

① 都道府県知事に対する特例承継計画の提出
② 対象株式等の承継（贈与又は相続若しくは遺贈）
③ 都道府県知事に対する認定申請（贈与の場合はその年の10月15日〜翌年1月15日まで、相続の場合は相続開始日から5か月経過日以降8か月経過日までに申請）

の手続きを踏んだ上で、税務署に対して、贈与税申告書又は相続税申告書に③に係る都道府県知事の認定書の写し等を添付して提出します（贈与の場合は翌年2月1日〜3月15日、相続の場合は相続開始日の翌日から10か月以内）。

　なお、②の対象株式等の承継前に①の特例承継計画を提出することができなかった場合でも、計画を提出できる期間（平成30年4月1日〜平成35年3月31日）内であれば、③の都道府県知事に認定申請を行う際に、併せて特例承継計画を提出することも可能です。

【事業承継税制を適用するための手続きフロー】

STEP1

中小企業者は特例承継計画（認定支援機関による指導及び助言について記載）を作成し、都道府県に提出。

STEP2

株式の承継を行い都道府県に認定申請。都道府県知事が認定。

STEP3

特例承継計画・認定書の写しとともに、税務署へ納税申告。納税猶予の開始。

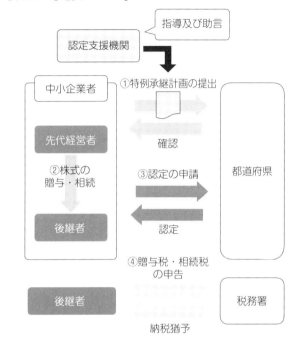

出所：中小企業庁財務課「特例承継計画記載マニュアル」

第2章
経営承継円滑化法による都道府県の認定

Q6 中小企業者の要件

事業承継税制の対象となる中小企業者の範囲について教えてください。

A Q5の通り、事業承継税制の適用を受けるためには、その前段階として経営承継円滑化法（及び同施行規則）による都道府県知事の確認を受ける必要があります。経営承継円滑化法では、対象とする会社の範囲を一定の中小企業者に限定しています。

● 解説

1．事業承継税制の対象となる会社

承継会社は、中小企業者（26頁参照）のうち、次のいずれにも該当する必要があります（円滑化規6①十一～十四の柱書及びイ～ヘ、リ）。

	要件等
	承継会社は、**中小企業者**であること（円滑化法2、円滑化令）
イ	贈与時等（贈与時又は相続開始時のことをいう。）以後において、**上場会社等又は風俗営業会社のいずれにも該当しない**こと
ロ	贈与日等（贈与日又は相続開始日のことをいう。）の属する事業年度の直前事業年度開始日以後において、**資産保有型会社に該当しない**こと（Q7参照）
ハ	認定申請基準事業年度において、**資産運用型会社に該当しない**こと（Q8参照）
ニ	認定申請基準事業年度において、総収入金額が零を超えること
ホ	贈与時等において、**常時使用従業員数が1人以上**であること。ただし、その会社の特別子会社が外国会社に該当する場合（その会社又はその会社による支配関係がある法人がその特別子会社の株式等を有する場合に限る。）にあっては5人以上であること
ヘ	贈与時等以後において、**特定特別子会社が上場会社等、大会社又は風俗営業会社のいずれにも該当しない**こと
リ	贈与時等以後において後継者以外の者が**拒否権付株式（会108①八）を保有していない**こと

2．認定申請基準事業年度と認定申請基準日

　上記1．ハ及びニにおける認定申請基準事業年度とは、贈与日等の属する事業年度の直前事業年度及びその贈与日等の属する事業年度から認定申請基準日の翌日の属する事業年度の直前事業年度までの各事業年度をいいます。

　認定申請基準日とは、次の区分に応じ、それぞれに定める日をいいます。

(1)　贈与の場合

①	贈与日が1月1日から10月15日までのいずれかの日である場合（③の場合を除く）	10月15日
②	贈与日が10月16日から12月31日までのいずれかの日である場合	贈与日
③	贈与日の属する年の5月15日前に受贈者又は贈与者の相続が開始した場合	相続開始日の翌日から5か月経過日

(2)　相続の場合

　相続開始日の翌日から5か月経過日をいいます。

【中小企業者】

中小企業者とは、経営承継円滑化法2条及び経営承継円滑化法施行令に規定する中小企業者をいい、下記の通りです（円滑化規1①）。

業種は、日本標準産業分類により判断します。

なお、医療法人や社会福祉法人、外国会社、士業法人は事業承継税制の対象となる中小企業者には該当しません。

いずれか

業　　種	資本金の額 又は出資の総額	常時使用従業員の数
製造業、建設業、運輸業その他の業種	3億円以下	300人以下
ゴム製品製造業（注）		900人以下
卸売業	1億円以下	100人以下
小売業	5,000万円以下	50人以下
サービス業		100人以下
旅館業		200人以下
ソフトウェア業又は情報サービス業	3億円以下	300人以下

（注） 自動車又は航空機用タイヤ及びチューブ製造業並びに工業用ベルト製造業を除く。

Q7 資産保有型会社

事業承継税制の適用を受けられない資産保有型会社とはどのような会社ですか。

A　事業承継税制の適用を受けることのできない会社に、資産管理会社（資産保有型会社及び資産運用型会社）があります。不動産賃貸業、不動産販売業（戸建てディベロッパー、マンション・ディベロッパー）等が該当します。なお、これらの資産管理会社であっても、事業実態要件を満たす会社であれば、事業承継税制の適用を受けることができます（Q9参照）。本項では、資産保有型会社について説明します。

● 解説

資産保有型会社は、原則として、事業承継税制の適用を受けることができません。

資産保有型会社とは、一の日において、次の算式の割合が70％以上である会社をいいます（円滑化規1⑫）。

$$\frac{\text{特定資産（注2）の帳簿価額（注1）の合計額}}{\text{資産の帳簿価額（注1）の総額}} \geq 70\%$$
（＋本人及び同族関係者に支払われた配当及び損金不算入役員給与）
（＋本人及び同族関係者に支払われた配当及び損金不算入役員給与(注3)）

（注1） 資産の帳簿価額の総額及び特定資産の帳簿価額の合計額の算定に際しては、以下の点に留意する必要があります。
　①　貸借対照表に計上されている帳簿価額を用いて計算します。
　②　減価償却資産・特別償却適用資産・圧縮記帳適用資産については、それぞれ対応する減価償却累計額・特別償却準備金・圧縮積立金等を控除した後の帳簿価額を用います（直接減額方式で計算することになります。）。
　③　貸倒引当金・投資損失引当金等の評価性引当金については、資産の帳

簿価額の総額・特定資産の帳簿価額の合計額から控除しません。

（注2） 特定資産
特定資産とは、次の資産をいいます（円滑化規1⑫二）
イ．有価証券等
国債、地方債、株券その他金融商品取引法に規定する有価証券と他の持分会社の持分です。
承継会社の特別子会社（A社）の株式等は、その特別子会社（A社）が資産保有型子会社又は資産運用型子会社に該当する場合を除き、有価証券等から除外します（特定資産に含まれません。）。
特定資産に該当する有価証券については、Q8で説明します。
ロ．現に自ら使用していない不動産
所有不動産のうち、現に自らの事務所や工場として使用していないもので、遊休不動産、販売用不動産、賃貸用不動産が該当します。従業員用社宅は自己使用、役員用住宅は賃貸用に該当します。
なお、不動産賃貸会社や不動産販売会社が形式上資産保有型会社に該当しても、経営承継円滑化法施行規則6条2項の要件を満たせば、資産保有型会社に該当しないものとみなされます（Q9参照）。
ハ．ゴルフ会員権等
ゴルフ会員権、スポーツクラブ会員権、リゾート会員権です。
ゴルフ会員権等販売業者が販売目的で所有しているものは、特定資産から除外されますが、接待用で所有しているものは特定資産に該当します。
ニ．絵画、貴金属等
絵画、彫刻、工芸品、陶磁器、骨董品などの文化的動産、金、銀などの貴金属、ダイアモンドなどの宝石です。
画廊、骨董品店、宝石店等が販売目的で所有しているものは特定資産から除外されます。
ホ．現預金その他これらに類する資産
現金や預貯金、保険積立金などのことです。
代表者やその同族関係者に対する貸付金、未収金、預け金や差入保証金なども特定資産に該当します。この場合の同族関係者の範囲には、同族関係にある外国会社が含まれます。
※　同族関係にある外国会社とは、代表者、代表者の親族、代表者と事実上婚姻関係にある者など特別な関係がある者等に総株主議決権数の過半数を保有される外国会社のことです。

（注3） 配当、損金不算入役員給与
代表者やその同族関係者に対して支払われた剰余金の配当等や、法人税法上損金不算入となる給与は、特定資産に加算して、資産保有型会社の判定をします。

給与には、現金による給与の他に、債務免除や債務引受、渡切交際費などによる経済的利益のうち実質的に給与の支給を受けたのと同様の経済的効果をもたらすと考えられるものも含まれます。
　したがって、株主等としての地位に基づき受ける配当等や優待、香典や見舞金等で受給者の社会的地位等に照らし社会通念上相当と認められるものは含まれません。
　加算対象期間は、基本的には判定日以前の5年間ですが、贈与日又は相続開始日前の期間において支払われたものは含まれません。
　組織再編（組織変更、種類変更を除きます。）があった場合における判定日以前5年間に支払われた剰余金の配当等や法人税法上、損金不算入となる給与等の算定上、旧会社において支払われたものは考慮する必要はありません。

　　　　　　出所：中小企業庁「経営承継円滑化法　申請マニュアル第7章」

Q8 資産運用型会社

事業承継税制の適用を受けられない資産運用型会社とはどのような会社ですか。

A 事業承継税制の適用を受けることのできない会社に、資産管理会社(資産保有型会社及び資産運用型会社)があります。不動産賃貸業、不動産販売業(戸建てディベロッパー、マンション・ディベロッパー)等が該当します。なお、これらの資産管理会社であっても、事業実態要件を満たす会社であれば、事業承継税制の適用を受けることができます(Ｑ９参照)。本項では、資産運用型会社について説明します。

● 解説

1．資産運用型会社

資産運用型会社は、原則として、事業承継税制の適用を受けることができません。

資産運用型会社とは、一の事業年度における総収入金額に占める特定資産(円滑化規1⑫二)の運用収入の合計額の割合が75％以上である会社をいいます(円滑化規1⑬)。

$$\frac{\text{特定資産の運用収入}}{\text{総収入金額【売上高＋営業外収益＋特別利益】}} \geq 75\%$$

(注) 総収入金額については、以下の点に留意する必要があります。
① 損益計算書上の売上高、営業外収益及び特別利益の合計額で、資産の譲渡によるものについては、その資産の譲渡価額に置き換えます。
② 特定資産の運用収入には、特定資産である株券の発行会社からの配当金、受取利息、受取家賃や特定資産の譲渡(譲渡価額そのものが運用収入となります。)などが含まれます。

③ 組織再編（組織変更、種類変更を除きます。）があった場合における業務継続期間の算定上、旧会社における業務期間は通算されません。

出所：中小企業庁「経営承継円滑化法　申請マニュアル第7章」

2．特定資産に該当する有価証券

Q7（注2）イで省略した有価証券等のうち特定資産に該当するものは、次の通りです（円滑化規1⑫二イ）。

■の部分が特定資産

```
┌─────────────────────────────────────┐
│      中小企業者が有する有価証券等        │
│  ┌───────────────────────────────┐  │
│  │      特別子会社（A社）の株式等      │  │
│  │  ┌─────────────────────────┐  │  │
│  │  │ 資産保有型子会社・資産運用型子会社の株式等 │  │  │
│  │  └─────────────────────────┘  │  │
│  └───────────────────────────────┘  │
└─────────────────────────────────────┘
```

【資産保有型子会社】

$$\frac{\text{特別特定資産の帳簿価額の合計額}}{\text{資産の帳簿価額の合計額}} \geqq 70\%$$

【資産運用型子会社】

$$\frac{\text{特別特定資産の運用収入}}{\text{総収入金額}} \geqq 75\%$$

(注) 特別特定資産とは、特別子会社が保有する特定資産のことです。

特別子会社（A社）が資産保有型子会社・資産運用型子会社に該当するか否かを判定するに当たっては、その特別子会社（A社）に特別子会社（B社）がある場合、その特別子会社（A社）が有する特別子会社（B社）の株式等は、特別特定資産から除外します。

【特別子会社（A社）が有する有価証券等のうち特別特定資産に該当するもの（円滑化規1⑫二イ）**】**

■ の部分が特別特定資産

特別子会社（A社）が有する有価証券等
特別子会社（A社）が有する特別子会社（B社）の株式等

Q9 資産管理会社の例外（事業実態要件）

資産管理会社（資産保有型会社又は資産運用型会社）に該当しても、事業承継税制の適用を受けることができる会社について教えてください。

A 　Q7、Q8の通り、資産管理会社（資産保有型会社及び資産運用型会社）は、原則として事業承継税制の対象となる承継会社の対象から除外されています。しかし、一定の事業実態のある資産管理会社については、事業承継税制の適用を受けることができます。

● 解説

　事業承継税制の対象となる承継会社について、贈与者からの贈与時又は被相続人の相続開始時において、承継会社が次のいずれにも該当するときは、資産保有型会社及び資産運用型会社には該当しないものとされており、事業承継税制の適用を受けることができます。

　同様に、承継会社の特別子会社が次のいずれにも該当するときは、その特別子会社は資産保有型子会社又は資産運用型子会社には該当しないものとみなされます（円滑化規6②）。

一		中小企業者の**親族外従業員数が5人以上**であること この場合、親族外従業員とは、常時使用従業員から、受贈者又は相続人等及びこれらの者と生計を一にする親族を除いたものをいいます（図表参照）。
二		中小企業者が、親族外従業員が勤務している事務所、店舗、工場その他これらに類するものを所有し、又は賃借していること
三		贈与日等まで引き続き3年以上にわたり、次のいずれかの業務をしていること
	イ	商品販売等（商品の販売、資産の貸付け又は役務の提供で、継続して対価を得て行われるものをいい、その商品開発若しくは生産又は役務の開発を含む。） この場合において、資産の貸付けから、受贈者又は相続人等に対するもの及びこれらの者に係る同族関係者に対するものは除きます。

ロ	商品販売等を行うために必要となる資産の所有又は賃借(二の事務所、店舗、工場その他これらに類するものを除く。)
ハ	イ及びロに掲げる業務に類するもの

```
        常時使用従業員
        親族外従業員
    受贈者又は相続人等及び
  これらの者と生計を一にする親族
```

　事業承継税制の対象となる承継会社かどうか、換言すると、資産管理会社(資産保有型会社等)であっても事業承継税制の適用を受けることができるかどうかについては、租税特別措置法にも同様の規定がありますので、その解説(フローチャート)を掲げておきます。

「一定の資産保有型会社等でないこと」の要件の判定フローチャート(措法70の7②一ロ、措令40の8⑥)

判定会社は、形式要件を満たしていますか?
(注) 特別子会社等の株式等がある場合には、その特別子会社等の株式等は、分子である特定資産から除かれるが、その特別子会社等の株式等が資産保有型子会社又は資産運用型子会社に該当する場合には、分子である特定資産に含まれる。

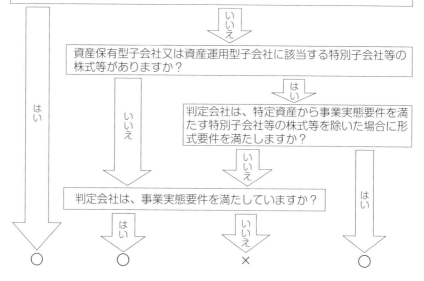

【形式要件】

◎資産保有型会社でないこと
　（下記の要件を満たすこと）

$$\frac{\text{特定資産の帳簿価額の合計額} + \text{過去5年間に経営承継受贈者及びその同族関係者に支払われた剰余金の配当・利益の配当及び損金不算入となる高額の給与等}}{\text{資産の帳簿価額の総額} + \text{過去5年間に経営承継受贈者及びその同族関係者に支払われた剰余金の配当・利益の配当及び損金不算入となる高額の給与等}} < 70\%$$

◎資産運用型会社でないこと
　（下記の要件を満たすこと）

$$\frac{\text{特定資産の運用収入の合計額}}{\text{総収入金額}} < 75\%$$

(注1)　「特定資産」とは、現金、預貯金その他これらに類する資産として措置法規則第23条の9第14項に規定するものをいう。
(注2)　特別子会社等とは、措置法令第40条の8第7項に規定する会社をいう。
(注3)　資産保有型子会社又は資産運用型子会社とは特別子会社等のうち上記の算式（特定資産には、特別子会社等の特別子会社等の株式は含まれない。）を満たさない会社をいう。

【事業実態要件】
1　会社の事業が贈与の日まで3年以上継続して、商品販売その他の業務で措置法規則第23条の9第5項に規定する業務を行っていること。
2　贈与の時において、常時使用従業員（後継者の生計一親族を除く。）の数が5人以上であること。
3　贈与の時において常時使用従業員が勤務している事務所、店舗、工場その他これらに類するものを所有し、又は賃借していること。

出所：資産課税課情報第13号　管理課情報第1号「租税特別措置法（相続税法の特例関係）の取扱いについて」（法令解釈通達）の一部改正のあらまし（情報）（平成21年7月9日）70の7－11（一部修正）

Q10 後継者の要件

後継者である受贈者又は相続人若しくは受遺者の要件について教えてください。

A 事業承継税制の対象となる後継者（受贈者又は相続人若しくは受遺者）は、一定要件を満たす必要があります（円滑化規6①十一～十四）。

● 解説

後継者の要件は、後継者が株式等を贈与によって取得した受贈者か、相続によって取得した相続人又は受遺者かの別によって、要件に違いがあります。

1．贈与による場合の受贈者の要件 （円滑化規6①十一、十三）

イ	贈与者からの贈与時以後において代表者であること（円滑化規6①十一及び十三の柱書）。贈与時前から代表者であった者も含みます。
ロ	**贈与により取得した対象株式等に係る贈与税を納付することが見込まれること**（円滑化規6①十一及び十三柱書）
ハ	贈与税申告期限が、経営承継円滑化法の認定の有効期限までに到来すること（円滑化規6①十三柱書）
ト	次のいずれにも該当する者であること（円滑化規6①十一ト及び十三ト）。なお、その者が2人又は3人以上である場合には、承継会社が定めた2人又は3人までに限ります。

	(1)	贈与により株式等を取得した後継者（代表権を制限されている者を除く。）で、贈与時に、**同族関係者と合わせて**承継会社の総株主等議決権数の**50%超の議決権数を有し**、かつ、次の区分に応じ、それぞれに定める要件を満たしていること
		i 後継者が1人の場合： 後継者が**同族関係者の中で最も多くの議決権数を有していること**

	ii	後継者が2人又は3人の場合： ・後継者が有する議決権数が総株主等**議決権数の10％以上**であること ・各後継者が有する議決権数が同族関係者（特例の適用を受ける後継者を除く。）のうち**いずれの者が有する議決権数も下回らない**こと
(2)		贈与日において**20歳以上**であること
(3)		贈与日まで引き続き**3年以上にわたり承継会社の役員**であること
(4)		贈与時以後に、後継者が贈与により取得した株式等のうち贈与税の納税猶予制度の規定の適用を受けようとする**株式等の全部を有している**こと
(5)		贈与により株式等を取得した後継者が、その株式等につき**一般措置の認定に係る贈与等を受けた者でない**こと
(6)		後継者が経営承継円滑化法の**特例承継計画の確認**を受けた特例後継者（円滑化規16①一ロ）であること

2．相続による場合の相続人等（相続人又は受遺者）の要件（円滑化規6①十二、十四）

		被相続人の相続開始日の翌日から5か月経過日以後において代表者であること（円滑化規6①十二及び十四柱書）。相続開始日前から代表者であった者も含みます。
		相続等により取得した対象株式等に係る相続税を納付することが見込まれること（円滑化規6①十二及び十四柱書）
		都道府県への認定申請書提出時に、その相続等に係る共同相続人又は包括受遺者によって遺産分割されている株式等であること（円滑化規6①十二及び十四柱書）
		相続税申告期限が、経営承継円滑化法の認定の有効期限までに到来すること（円滑化規6①十四柱書）
ト		次のいずれにも該当する者であること（円滑化規6①十二ト及び十四ト）。 なお、その者が2人又は3人以上である場合には、承継会社が定めた2人又は3人までに限ります。
	(1)	相続等により株式等を取得した後継者（代表権を制限されている者を除く。）で、相続開始時に、**同族関係者と合わせて**承継会社の総株主等議決権数の**過半数の議決権数を有し**、かつ、次の区分に応じ、それぞれに定める要件を満たしていること

	i	後継者が1人の場合： 後継者が**同族関係者の中で最も多くの議決権数を有していること**
	ii	後継者が2人又は3人の場合： ・後継者が有する議決権数が、総株主等**議決権数の10％以上**であること ・各後継者が有する議決権数が同族関係者（特例の適用を受ける後継者を除く。）のうち**いずれの者が有する議決権数も下回らない**こと
(2)		相続開始直前に**承継会社の役員**であったこと（先代経営者が60歳未満で死亡した場合を除く。）
(3)		相続開始時以後に、後継者が被相続人から相続等により取得した株式等のうち相続税の納税猶予制度の規定の適用を受けようとする**株式等の全部を有している**こと
(4)		相続等により株式等を取得した後継者が、その株式等につき**一般措置の認定に係る贈与等を受けた者でない**こと
(8)		被相続人が経営承継円滑化法の特例承継計画の確認を受けた特例代表者であること

Q11 承継者（先代経営者等）の要件

先代経営者等である贈与者又は被相続人の要件について教えてください。

A 事業承継税制の対象となる先代経営者等（贈与者又は被相続人）は、一定要件を満たす必要があります（円滑化規6①十一〜十四ト）。

● 解説 ●

先代経営者等の要件は、承継者が株式等を贈与した贈与者か、相続による被相続人かの別によって、さらに承継者が先代経営者か否かによって、要件に違いがあります。

1．贈与による場合の贈与者の要件

(1) 贈与者が先代経営者である場合（円滑化規6①十一）

ト	(7)	i	贈与者が、贈与直前に、**同族関係者と合わせて総株主等議決権数の50％超の議決権を有していたこと**
		ii	贈与者は、**同族関係者**（後継者を除く。）**の中で最も多くの議決権数を有していたこと**
		iii	贈与者は贈与時前に**承継会社の代表者であったこと**
		iv	贈与者が贈与直前に承継会社の代表者でない場合は、代表者であった期間内のいずれかの時及び贈与直前に同様（同族関係者で50％超、かつ、同族内筆頭株主）であったこと
	(8)	i	贈与時に、**贈与者が代表者でないこと**
		ii	贈与者が**経営承継円滑化法の認定に係る贈与をした者でないこと**
	(9)		贈与者が経営承継円滑化法による特例承継計画の確認を受けた**代表者**（円滑化規16①一ハ）であること

(2) 贈与者が先代経営者以外の場合（円滑化規6①十三）

ト	(7)	i　贈与時に、**贈与者が承継会社の代表者でないこと** ii　贈与者が**経営承継円滑化法の認定に係る贈与をした者でないこと**
ヌ		贈与時に、**後継者**が先代経営者から経営承継円滑化法の認定に係る上記(1)の**贈与又は**下記2．(1)の**相続を受けていること**

２．相続による場合の被相続人の要件

(1) 被相続人が先代経営者である場合（円滑化規6①十二）

ト	(5)	被相続人が特例承継計画の確認を受けた**特例後継者**（円滑化規16①一ハ）であること
	(6)	i　被相続人が、相続開始直前に、同族関係者と合わせて総株主等議決権数の**50％超の議決権**を有していたこと ii　被相続人は、**同族関係者**（特例の適用を受ける後継者を除く。）**の中で最も多くの議決権数を有していたこと** iii　被相続人は、相続開始前に**承継会社の代表者であったこと** iv　被相続人が相続開始直前に承継会社の代表者でない場合は、代表者であった期間内のいずれかの時及び相続開始直前に同様（同族関係者で50％超、かつ、同族内筆頭株主）であったこと
	(7)	被相続人が**経営承継円滑化法の認定に係る贈与をした者でないこと**

(2) 被相続人が先代経営者以外である場合（円滑化規6①十四）

リ	相続開始時に、**後継者**が先代経営者から経営承継円滑化法の認定に係る上記1．(1)の**贈与又は**上記2．(1)の**相続を受けていること**

Q12 対象株式の要件

事業承継税制の対象となる株式等の要件について教えてください。

A　承継会社の株式等は、一定数以上を贈与することが要件になっています（円滑化規6①十一チ、リ、十二チ、十三チ、リ、十四チ）。

● 解説

1．贈与の場合

チ	贈与が次の区分に応じ、それぞれに定める贈与であること		
	(1)	受贈者が1人である場合：次の区分に応じそれぞれに定める贈与	
		i	贈与直前に、贈与者が有していた株式等（議決権に制限のないものに限る。）の数が、**発行済株式等**（議決権に制限のないものに限る。）**の総数の3分の2**から受贈者（第一種特例経営承継受贈者に限る。）が有していた株式等の数を控除した残数等以上の場合：控除した残数等以上の株式等
		ii	i以外の場合：**贈与者が**贈与直前に**有していた株式等のすべて**
	(2)	受贈者が2人又は3人である場合：次のいずれにも該当すること	
		i	いずれの受贈者の有する株式数等が、**発行済株式等の総数の10％以上**となる贈与であること
		ii	いずれの受贈者の有する株式等の数等が**贈与者の有する株式等の数等を上回る**こと。贈与者と受贈者とが同株数等の場合は要件を満たしません。
リ	承継会社が会社法108①八の種類株式（拒否権付種類株式）を発行している場合、贈与時以後においてその種類株式を後継者以外の者が有していないこと		

上記チを表にすると下記の通りとなります（措通70の7の5-3）。

(1) 受贈者が1人の場合：次のいずれかの贈与

ケース	贈与等すべき株式数
イ	A＋B≧C×2／3	C×2／3－B以上
ロ	A＋B＜C×2／3	Aの全株式等

(2) 受贈者が2人又は3人の場合：次のイ及びロを満たす贈与

イ	D≧C×1／10
ロ	D＞E

上記算式中の符号は下記の通りです。
A：贈与者が贈与直前に有していた承継会社の株式等の数又は金額
B：受贈者が贈与直前に有していた承継会社の株式等の数又は金額
C：贈与時における承継会社の発行済株式等（議決権に制限のない株式等に限る。）の総数又は金額
D：贈与直後におけるそれぞれの受贈者の有する承継会社の株式等の数又は金額
E：贈与直後における贈与者の有する承継会社の株式等の数又は金額

2．相続の場合

　承継会社が会社法108条第1項8号の種類株式（拒否権付種類株式）を発行している場合、相続開始時以後においてその種類株式を後継者以外の者が有していないことが要件です。

Q13 特例承継計画の提出

特例措置で導入された特例承継計画について教えてください。

A 平成30年度税制改正で創設された特例措置では、事業承継税制の適用を受けるために必要な都道府県知事の「認定」を受けるために、「特例承継計画」を提出しなければならないことになりました。

● 解説

　都道府県知事は、中小企業者で、その代表者の死亡等に起因する経営承継に伴い、その中小企業者の事業活動継続に支障が生じることを防止するために、円滑化法規則で定める要件に該当するものの経営従事者に対して、必要な指導及び助言を行うものとしています（円滑化法15①、16）。

　具体的な指導及び助言とは、中小企業者の経営を確実に承継するための具体的な計画（「特例承継計画」といいます。）について、中小企業等経営強化法に規定する認定経営革新等支援機関（税理士、公認会計士、商工会議所、商工会、金融機関等。以下、「認定支援機関」といいます。）が指導及び助言をすることです（円滑化規16一）。

1．特例措置における「特例承継計画」の提出の必要性

　特例承継計画（円滑化規16一）は、「都道府県知事の確認を受けることができる。」となっています（円滑化規17①）。

　一方、特例承継計画に関する都道府県知事の確認書（様式第22：円滑化規17④）は、都道府県知事に認定申請するための必要書類（円滑化規7⑥十、7⑦十、⑧、⑨）です。

　また、都道府県知事の認定書（円滑化規7⑩：株式第9）等は事業承継税制の適用を受けるための必要書類です（措法70の7の5⑤、措規23の12の2

⑭五、六、措法70の7の6⑥、措規23の12の3⑭七、八)。

したがって、特例承継計画は事業承継税制の適用を受けるための必要資料ということになります。

2．特例承継計画の提出期限

特例承継計画の確認を受けようとする中小企業者は、平成35年3月31日までに、特例承継計画の確認申請書（様式第21）を都道府県知事に提出しなければなりません（円滑化規17②）。

特例承継計画に係る確認書（様式第22）は、事業承継税制適用の前提となる都道府県知事の認定を受けるために必要な添付資料ですが、株式の承継（贈与、相続）前に特例承継計画を提出することができなかった場合でも、都道府県へ認定申請を行う際に、併せて提出することも可能です（特例承継計画記載マニュアル3．(1)）。

3．特例承継計画の確認要件

特例承継計画の確認を受けるには、次の要件を満たす必要があります（円滑化規16一）。

イ	中小企業者が会社であること	
ロ	その会社に次のいずれかの者（以下「特例後継者（注）」という。本項以外では「後継者」という。）がいること。その者が2人又は3人以上の場合は、その会社が定めた2人又は3人までに限ります。	
	(1)	その会社の代表者（代表者であった者を含む。）が死亡又は退任した場合における新たな代表候補者で、その代表者から相続若しくは遺贈又は贈与により対象株式等を取得することが見込まれるもの
	(2)	その会社の代表者で、その会社の他の代表者（代表者であった者を含む。）から相続若しくは遺贈又は贈与により対象株式等を取得することが見込まれるもの
ハ	その会社に、次のいずれかの者（以下「特例代表者」という。本項以外では「先代経営者等」という。）がいること	
	(1)	その会社の代表者（ロ(1)の代表者又は(2)の他の代表者に限り、代表権を制限されている者を除く。）
	(2)	その会社の代表者であった者

二	特例代表者が経営に関する具体的な計画を有していること
ホ	特例後継者が特例代表者から対象株式等を承継した後5年間の経営に関する具体的な計画を有していること

(注) 特例後継者として特例承継計画に記載されていない者は、都道府県知事の認定を受けることはできません。

4．特例承継計画の添付書類

特例承継計画の確認申請書（様式第21）には、次の書類を添付する必要があります（円滑化規17②）。

一	確認申請日前3か月以内に作成された履歴事項全部証明書（特例代表者がすでに退任している場合、過去に代表者であった旨の記載があるもの）
二	認定支援機関の指導・助言を受けた日における従業員数証明書
三	前二号の他、特例承継計画の確認の参考となる書類

5．特例承継計画の変更

特例承継計画の確認を受けた後に計画内容を変更する場合は、変更申請書（様式第24）を都道府県知事に提出して確認を受ける必要があります（円滑化規18）。

特例後継者が事業承継税制の適用を受けた後は、その特例後継者を変更することはできませんが、特例後継者が2人又は3人の場合で、まだ対象株式等の贈与・相続を受けていない者がいる場合、その特例後継者に限り変更することができます（特例承継計画記載マニュアル3．(3)）。

特例承継計画を提出できる期間は、平成35年3月31日までですが、その変更は平成35年4月1日以降であっても可能です（申請マニュアル第2章第1節等）。

【記載例1　サービス業】

様式第21

施行規則第17条第2項の規定による確認申請書
（特例承継計画）

●●●●年●月●日

●●県知事　殿

郵 便 番 号　000-0000
会 社 所 在 地　●●県●●市…
会　　社　　名　経済クリーニング株式会社
電 話 番 号　***-***-****
代表者の氏名　経済　一郎　　印
　　　　　　　経済　二郎　　印

　中小企業における経営の承継の円滑化に関する法律施行規則第17条第1項第1号の確認を受けたいので、下記のとおり申請します。

記

1　会社について

主たる事業内容	生活関連サービス業（クリーニング業）
資本金額又は出資の総額	5,000,000 円
常時使用する従業員の数	8人

2　特例代表者について

特例代表者の氏名	経済　太郎
代表権の有無	□有　☑無　（退任日平成30年3月1日）

3　特例後継者について

特例後継者の氏名（1）	経済　一郎
特例後継者の氏名（2）	経済　二郎
特例後継者の氏名（3）	

4　特例代表者が有する株式等を特例後継者が取得するまでの期間における経営の計画に

ついて

株式を承継する時期（予定）	平成30年3月1日相続発生
当該時期までの経営上の課題	（株式等を特例後継者が取得した後に本申請を行う場合には、記載を省略することができます）
当該課題への対応	（株式等を特例後継者が取得した後に本申請を行う場合には、記載を省略することができます）

5 特例後継者が株式等を承継した後5年間の経営計画

実施時期	具体的な実施内容
1年目	郊外店において、コート・ふとん類に対するサービスを強化し、その内容を記載した看板の設置等、広告活動を行う。
2年目	新サービスであるクリーニング後、最大半年間（又は一年間）の預かりサービス開始に向けた倉庫等の手配をする。
3年目	クリーニング後、最大半年間（又は一年間）の預かりサービス開始。（預かり期間は、競合他店舗の状況を見て判断。） 駅前店の改装工事後に向けた新サービスを検討。
4年目	駅前店の改装工事。 リニューアルオープン時に向けた新サービスの開始。
5年目	オリンピック後における市場（特に土地）の状況を踏まえながら、新事業展開（コインランドリー事業）又は新店舗展開による売り上げ向上を目指す。

(別紙)

認定経営革新等支援機関による所見等

1　認定経営革新等支援機関の名称等

認定経営革新等支援機関の名称	●●　●●税理士事務所　印
（機関が法人の場合）代表者の氏名	●●　●●
住所又は所在地	●●県●●市…

2　指導・助言を行った年月日
　　　　平成 30 年　5 月　3 日

3　認定経営革新等支援機関による指導・助言の内容

> 売上の7割を占める駅前店の改装工事に向け、郊外店の売上増加施策が必要。競合他店が行っている預かりサービスを行うことにより、負の差別化の解消を図るように指導。
>
> 駅前店においても、改装工事後に新サービスが導入できないか引き続き検討。
> サービス内容によっては、改装工事自体の内容にも影響を与えるため、2年以内に結論を出すように助言。
>
> また、改装工事に向けた資金計画について、今からメインバンクである●●銀行にも相談するようにしている。
>
> なお、土地が高いために株価が高く、一郎・二郎以外の推定相続人に対する遺留分侵害の恐れもあるため「遺留分に関する民法の特例」を紹介。

【記載例2　製造業】

様式第21

施行規則第17条第2項の規定による確認申請書
(特例承継計画)

●●●●年●月●日

●●県知事　殿

郵便番号　000-0000
会社所在地　●●県●●市…
会　社　名　中小鋳造株式会社
電話番号　***-***-****
代表者の氏名　中小　一郎　印

　中小企業における経営の承継の円滑化に関する法律施行規則第17条第1項第1号の確認を受けたいので、下記のとおり申請します。

記

1　会社について

主たる事業内容	銑鉄鋳物製造業
資本金額又は出資の総額	50,000,000 円
常時使用する従業員の数	75 人

2　特例代表者について

特例代表者の氏名	中小　太郎
代表権の有無	□有　☑無（退任日　平成29年3月1日）

3　特例後継者について

特例後継者の氏名（1）	中小　一郎
特例後継者の氏名（2）	
特例後継者の氏名（3）	

Q13　特例承継計画の提出

4　特例代表者が有する株式等を特例後継者が取得するまでの期間における経営の計画について

株式を承継する時期（予定）	平成30年10月
当該時期までの経営上の課題	➢ 工作機械向けパーツを中心に需要は好調だが、原材料の値上がりが続き、売上高営業利益率が低下している。 ➢ また、人手不足問題は大きな課題であり、例年行っている高卒採用も応募が減ってきている。発注量に対して生産が追いつかなくなっており、従業員が残業をして対応している。今年からベトナム人研修生の受け入れを開始したが、まだ十分な戦力とはなっていない。
当該課題への対応	➢ 原材料値上がりに伴い、発注元との価格交渉を継続的に行っていく。合わせて、平成30年中に予定している設備の入れ替えによって、生産効率を上げコストダウンを図っていく。 ➢ 人材確保のため地元高校での説明会への参加回数を増やし、リクルート活動を積極的に行う。またベトナム人研修生のスキルアップのために、教育体制を見直すとともに、5Sの徹底を改めて行う。

5　特例後継者が株式等を承継した後5年間の経営計画

実施時期	具体的な実施内容
1年目	・ 設計部門を増強するとともに、導入を予定している新型CADを活用し、複雑な形状の製品開発を行えるようにすることで、製品提案力を強化し単価の向上を図る。 ・ 海外の安価な製品との競争を避けるため、BtoBの工業用品だけではなく、鋳物を活用したオリジナルブランド商品の開発（BtoC）に着手する。 ・ 生産力強化のため、新工場建設計画を策定。用地選定を開始する。
2年目	・ 新工場用の用地を決定、取引先、金融機関との調整を行う。 ・ 電気炉の入れ替えを行い、製造コストの低下を図る。 ・ オリジナルブランド開発について一定の結論を出し、商品販売を開始する。

3年目	・ ・	新工場建設着工を目指す。 3年目を迎える技能実習生の受け入れについて総括を行い、人材採用の方向性について議論を行う、
4年目	・ ・	新工場運転開始を目指すとともに、人員配置を見直す。増員のための採用方法については要検討。 少数株主からの株式の買い取りを達成する。
5年目	・	新工場稼働による効果と今後の方向性についてレビューを行う。

(別紙)

認定経営革新等支援機関による所見等

1　認定経営革新等支援機関の名称等

認定経営革新等支援機関の名称	●●商工会議所　印
（機関が法人の場合）代表者の氏名	中小企業相談所長 △△　△△
住所又は所在地	●●県●●市●-●

2　指導・助言を行った年月日
　　　　平成30年　6月　4日

3　認定経営革新等支援機関による指導・助言の内容

> 大半の株式は先代経営者である会長が保有しているが、一部現経営者の母、伯父家族に分散しているため、贈与のみならず買い取りも行って、安定した経営権を確立することが必要。
>
> 原材料の値上げは収益力に影響を与えているため、業務フローの改善によりコストダウンを行うとともに、商品の納入先と価格交渉を継続的に行っていくことが必要。原材料価格の推移をまとめ、値上げが必要であることを説得力を持って要求する必要がある。
>
> 新工場建設については、取引先の増産に対応する必要があるか見極める必要あり。最終商品の需要を確認するとともに、投資計画の策定の支援を行っていく。
>
> なお、税務面については顧問税理士と対応を相談しながら取り組みを進めていくことを確認した。

【記載例3　小売業】

様式第21

施行規則第17条第2項の規定による確認申請書
（特例承継計画）

●●●●年●月●日

●●県知事　殿

郵　便　番　号　000-0000
会社所在地　●●県●●市…
会　　社　　名　株式会社承継玩具
電　話　番　号　***-***-****
代表者の氏名　承継　太郎　印

　中小企業における経営の承継の円滑化に関する法律施行規則第17条第1項第1号の確認を受けたいので、下記のとおり申請します。

記

1　会社について

主たる事業内容	玩具小売店
資本金額又は出資の総額	10,000,000 円
常時使用する従業員の数	15 人

2　特例代表者について

特例代表者の氏名	承継　太郎
代表権の有無	☑有　□無（退任日　　年　月　　日）

3　特例後継者について

特例後継者の氏名（1）	承継　一郎
特例後継者の氏名（2）	承継　二郎
特例後継者の氏名（3）	承継　花子

4 特例代表者が有する株式等を特例後継者が取得するまでの期間における経営の計画について

株式を承継する時期（予定）	2022年 ～2023年頃予定
当該時期までの経営上の課題	・借入によりキャッシュフローが圧迫されていること。
当該課題への対応	・商品在庫数を見直し、在庫回転率を向上させる。 ・借入の返済スケジュールの見直しを要請。 ・遊休資産の処分により手元現金を増やす。

5 特例後継者が株式等を承継した後5年間の経営計画

実施時期	具体的な実施内容
1年目	【棚卸し資産の洗い出し】【在庫管理の見直し①】 IT導入①（レジ機能を持つタブレットを導入し、年齢別の売上傾向を把握。顧客管理システムを導入。）
2年目	【原価計算の適正化①】 IT導入②（在庫管理システムの導入。IT導入①とセットで行うことにより、売れ筋商品への注力を図り、商品の減耗防止や棚卸し回転率の向上を図る。）
3年目	【店舗改装工事】 バリアフリー化を図り、ベビーカーや車椅子でも店内を見やすいようにレイアウト変更を行う。 【広告活動の強化①】 店舗改装期間中に近隣住宅をポスティングに行い、改装直後の集客を図る。 HPを抜本的に見直し、性別や年齢別の人気ランキングを掲載する。
4年目	【原価計算の適正化②】【在庫管理の見直し②】 過去3年間の実績に基づき、改めて原価計算・在庫管理を行う。
5年目	【広告活動の強化②】 顧客管理システムに登録されたお客様に対して、新商品発売等に合わせてダイレクトメールを展開。 【商品ラインナップの充実】 安定的な消費が見込める文房具の取扱い開始。 今後もメインターゲットである子ども向けの商品展開を充実させていく。

(別紙)

認定経営革新等支援機関による所見等

1 認定経営革新等支援機関の名称等

認定経営革新等支援機関の名称	税理士法人●● 印
（機関が法人の場合）代表者の氏名	社員　●●
住所又は所在地	●●県●●市…

2 指導・助言を行った年月日
　　　　平成30年10月1日

3 認定経営革新等支援機関による指導・助言の内容

> 後継者である承継一郎は、現在はIT企業（他社）で経験をつんでいるが、来年度に承継商店㈱に入社予定である。入社後は、培った経験を基に、積極的なIT活用による生産性向上を考えており、またその実現性は高い。
>
> また、承継商店㈱で営業部長である承継二郎は自身の子育て経験に基づいた売上向上のための施策（売上ランキングの公表や、文房具の販売）を企画・立案しており、業務拡大への貢献度が高い。
>
> 総務・経理を担当している承継花子は、会社の財務状況を正確に把握しており「攻めの投資」が得意とする兄二人とは異なり、安定経営を支える基盤強化に努めている。
>
> 異なる特色を持つ兄弟3人が力を合わせて業務展開していくことで、まさに「三本の矢」となり、独創的かつ安定的な経営ができるものと考えます。

（出所：中小企業庁特例承継計画記載マニュアル）

Q14 認定申請書の提出

事業承継税制の適用を受けるために必要な都道府県知事に対する認定申請について教えてください。

A 事業承継税制の適用を受けるためには、経営承継円滑化法による都道府県知事による「認定書」(様式第9等)を添付する必要があります(措法70の7の5⑤、措規23の12の2⑭五、措法70の7の6⑥、措規23の12の3⑭七)。

● 解説

死亡又は退任した中小企業(会社である中小企業者のことをいう。)の代表者(代表者であった者を含む。)の資産のうち中小企業の事業の実施に不可欠なものを取得するために多額の費用を要することその他一定事由が生じているため、その事業活動継続に支障が生じていると認められる中小企業は、都道府県知事の「認定」を受けることができます(円滑化規7⑩イ)。

1．認定申請書の提出

経営承継円滑化法12条1項の「認定」を受けようとする中小企業は、次に掲げる日までに認定申請書(様式第7の3、7の4、8の3、8の4)を都道府県知事に提出しなければなりません(円滑化規7⑥⑦⑧⑨)。

(1) 贈与の場合

	提出期限
①	贈与日の属する年の翌年1月15日
②	贈与税申告期限前に**贈与者の相続が開始した場合**には、その贈与者の相続開始日の翌日から8か月経過日又はその贈与日の属する年の翌年1月15日のいずれか早い日。 ただし、その贈与日の属する年にその**贈与者の相続が開始**し、かつ、その受贈者がその贈与者からの相続又は遺贈により財産を取得したことにより、その贈与により取得した対象株式等の価額が相続税の課税価格に加算されることとなる場合を除きます。
③	贈与税申告期限前に**受贈者の相続が開始した場合**には、その受贈者の相続開始日の翌日から8か月経過日

(2) 相続の場合

	提出期限
①	相続開始日の翌日から8か月経過日
②	相続税申告期限前に相続人等の相続が開始した場合には、その相続人等の相続開始日の翌日から8か月経過日

2．認定申請書の添付書類

認定申請書には次の書類を添付する必要があります（円滑化規7⑥⑦⑧⑨）。

(1) 贈与の場合

一	贈与認定申請基準日における定款の写し
二	贈与直前（贈与者が贈与直前に承継会社の代表者でない場合には、その贈与者が代表者であった期間内のいずれかの時及びその贈与直前）、贈与時及び贈与認定申請基準日における株主名簿の写し
三	贈与認定申請基準日以後に作成された登記事項証明書
四	贈与契約書の写し等及び対象株式等に係る贈与税見込額を記載した書類
五	贈与時の従業員数証明書
六	贈与認定申請基準事業年度の会社法に規定する書類（貸借対照表、損益計算書、株主資本等変動計算書、個別注記表及び事業報告並びに附属明細書）
七	贈与時から贈与認定申請基準日までの間に、承継会社が上場会社等又は風俗営業会社のいずれにも該当しない旨の誓約書

八	次の誓約書	
	イ	贈与時に承継会社の特別子会社が外国会社に該当する場合で、その承継会社又はその支配関係がある法人がその特別子会社の株式等を有しないときは、その有しない旨の誓約書
	ロ	贈与時から贈与認定申請基準日までの間に、承継会社の特定特別子会社が上場会社等、大会社又は風俗営業会社のいずれにも該当しない旨の誓約書
九	贈与時における贈与者及びその親族の戸籍謄本等並びに贈与時における受贈者及びその親族の戸籍謄本等	
十	円滑化法規則17条4項に規定する特例承継計画に係る確認書	
十一	前各号のほか、円滑化法12条1項の認定の参考となる書類	

(2) 相続の場合

一	相続認定申請基準日における定款の写し	
二	相続開始直前(被相続人が相続開始直前に承継会社の代表者でない場合には、その被相続人が代表者であった期間内のいずれかの時及びその相続開始直前)、相続開始時及び相続認定申請基準日における株主名簿の写し	
三	相続認定申請基準日以後に作成された登記事項証明書	
四	遺言書の写し、遺産分割協議書の写し等及び対象株式等に係る相続税見込額を記載した書類	
五	相続開始日の従業員数証明書	
六	相続認定申請基準事業年度の会社法に規定する書類(貸借対照表、損益計算書、株主資本等変動計算書、個別注記表及び事業報告並びに附属明細書)	
七	相続開始時から相続認定申請基準日までの間に、承継会社が上場会社等又は風俗営業会社のいずれにも該当しない旨の誓約書	
八	次の誓約書	
	イ	相続開始時に承継会社の特別子会社が外国会社に該当する場合で、その対象会社又はその支配関係がある法人がその特別子会社の株式等を有しないときは、その有しない旨の誓約書
	ロ	相続開始時から相続認定申請基準日までの間に、承継会社の特定特別子会社が上場会社等、大会社又は風俗営業会社のいずれにも該当しない旨の誓約書
九	相続開始時における被相続人及びその親族の戸籍謄本等並びに相続開始時における相続人及びその親族の戸籍謄本等	

十	円滑化法規則17条4項に規定する特例承継計画に係る確認書
十一	前各号のほか、円滑化法12条1項の認定の参考となる書類

3．都道府県知事の認定

都道府県知事は、1．の認定申請を受けた場合、認定するときは認定書（様式第9）を、認定しないときは認定しない旨の通知書（様式第10）を交付します（円滑化規7⑩）。

4．認定の有効期限

円滑化法12条1項の認定の有効期限は、最初の贈与に係る贈与税申告期限又は最初の相続に係る相続税申告期限の翌日から5年経過日です（円滑化規8）。

> 【認定申請基準事業年度】
>
> 贈与日又は相続開始日の属する事業年度の直前事業年度及び贈与日又は相続開始日の属する事業年度から認定申請基準日の翌日の属する事業年度の直前事業年度までの各事業年度をいいます（円滑化規6①十一ハ、十二ハ、十三ハ、十四ハ）。

> 【贈与認定申請基準日】
>
> 次の区分に応じ、次に定める日をいいます（円滑化規6①十一ハ、十三ハ）。
>
> | | | 認定申請基準日 |
> |---|---|---|
> | (1) | 贈与日が1月1日から10月15日までのいずれかの日である場合（(3)の場合を除く。） | 10月15日 |
> | (2) | 贈与日が10月16日から12月31日までのいずれかの日である場合 | 贈与日 |
> | (3) | 贈与日の属する年の5月15日前に承継会社の受贈者又は贈与者の相続が開始した場合 | 相続開始日の翌日から5か月経過日 |

【相続認定申請基準日】
　相続開始日の翌日から5か月を経過する日をいいます（円滑化規6①十二ハ、十四ハ）。

【特別子会社】
　特別子会社とは、会社とその代表者及びその代表者の同族関係者（円滑化規1⑨）が他の会社（株式会社、合同会社、合資会社、合名会社。外国会社を含む。）の総株主等議決権数の50%超を有している場合における当該会社をいいます（円滑化規1⑩）。

【特定特別子会社】
　特定特別子会社とは、特別子会社（円滑化規1⑩）のうち、その特別子会社の同族関係者の範囲における「代表者の親族」を「代表者と生計を一にする親族」と読み替えたものです。したがって、同族関係者のうち「代表者の生計別親族」が除かれます。
　会社とその代表者及びその代表者の同族関係者（代表者の生計別親族を除く。）が他の会社の総株主等議決権数の50%超を有している場合の当該他の会社をいいます（円滑化規6①七ヘ）。

Q15 認定の取消し

Q14の認定が取り消される事由について教えてください。

A 都道府県知事は、「認定」を受けた中小企業が、一定事由に該当することが判明したときは、「認定」を取り消すことができます。認定を取り消されると事業承継税制も納税猶予期限が確定し、猶予税額を納付しなければなりません。

● 解説

都道府県知事の認定が取り消されるのは、次の事由に該当することが判明した時です（円滑化規9⑥～⑨）。

なお、この取消規定は、円滑化法規則によるもので、贈与税申告期限又は相続税申告期限から5年間に限られます（円滑化規12①、③）。

5年経過後の取消規定は、租税特別措置法にあります（Q23、31参照）。

1．贈与の場合（円滑化規9⑥、⑧で準用する②）

一	受贈者が死亡したこと
二	受贈者が会社の代表者を退任したこと（代表権を制限されたことを含む。）
三	（準用しないので欠番）
四	受贈者が同族関係者と合わせて有する議決権数合計が、その会社の総株主等議決権数の50％以下となったこと
五	受贈者に係る同族関係者のうちいずれかの者が、その受贈者の議決権数を超える議決権数を有することとなったこと
六	受贈者が認定に係る贈与により取得した株式の全部又は一部の種類を議決権制限種類株式に変更したこと
七	持分会社で、受贈者の議決権を制限する旨の定款変更したこと

八	受贈者が認定に係る贈与により取得した株式等のうち事業承継税制の適用を受けている株式等の全部又は一部を譲渡したこと
九	会社法108条1項8号（拒否権付種類株式）を発行している場合に、その株式を受贈者以外の者が有することとなったこと
十	会社が解散（合併による解散を除く。）したこと
十一	会社が上場会社等又は風俗営業会社に該当したこと
十二	会社が資産保有型会社に該当したこと
十三	贈与認定申請基準日の属する事業年度以後のいずれかの事業年度に、会社が資産運用型会社に該当したこと
十四	贈与認定申請基準日の属する事業年度以後のいずれかの事業年度に、会社の総収入金額が零であったこと
十五	特定特別子会社が風俗営業会社に該当したこと
十六	贈与税申告期限から5年間の報告等（円滑化規12①、⑤、⑪）の報告をせず、又は虚偽の報告をしたこと
十七	偽りその他不正の手段により認定を受けたこと
十八	会社が、会社法447条1項又は626条1項の規定により資本金の額を減少したこと（準備金とする場合及び欠損填補の場合を除く。）
十九	会社が、会社法448条1項の規定により準備金の額を減少したこと（資本金とする場合及び欠損填補の場合を除く。）
二十	会社が組織変更をした場合に、その組織変更に際して株式等以外の財産が交付されたこと
二十一	贈与者が会社の代表者になったこと
二十二	認定の有効期限までに贈与者の相続が開始した場合に、会社が円滑化法規則13条1項の確認を受けていないこと
二十三	会社から認定取消の申請があったこと

2．相続の場合 （円滑化規9⑦、⑨で準用する③）

一	相続人等（相続人及び受遺者のことをいいます。以下同じ）が死亡したこと
二	相続人等が会社の代表者を退任したこと
三	（準用しないので欠番）
四	相続人等が同族関係者と合わせて有する議決権数合計が、その会社の総株主等議決権数の50％以下となったこと

五	相続人等に係る同族関係者のうちいずれかの者が、その相続人の議決権数を超える議決権数を有することとなったこと
六	相続人等が認定に係る相続又は遺贈により取得した株式の全部又は一部の種類を議決権制限種類株式に変更したこと
七	持分会社で、相続人等の議決権を制限する旨の定款変更したこと
八	相続人等が認定に係る相続又は遺贈により取得した株式等のうち事業承継税制の適用を受けている株式等の全部又は一部を譲渡したこと
九	会社法108条1項8号（拒否権付種類株式）を発行している場合に、その株式を相続人等以外の者が有することとなったこと
十	会社が解散（合併による解散を除く。）したこと
十一	会社が上場会社等又は風俗営業会社に該当したこと
十二	会社が資産保有型会社に該当したこと
十三	相続認定申請基準日の属する事業年度以後のいずれかの事業年度に、会社が資産運用型会社に該当したこと
十四	相続認定申請基準日の属する事業年度以後のいずれかの事業年度に、会社の総収入金額が零であったこと
十五	特定特別子会社が風俗営業会社に該当したこと
十六	贈与税申告期限から5年間の報告等（円滑化規12③、⑦）の報告をせず、又は虚偽の報告をしたこと
十七	偽りその他不正の手段により認定を受けたこと
十八	会社が、会社法447条1項又は626条1項の規定により資本金の額を減少したこと（準備金とする場合及び欠損填補の場合を除く。）
十九	会社が、会社法448条1項の規定により準備金の額を減少したこと（資本金とする場合及び欠損填補の場合を除く。）
二十	会社が組織変更をした場合に、その組織変更に際して株式等以外の財産が交付されたこと
二十一	会社から認定取消の申請があったこと

Q16 報告

経営承継円滑化法による都道府県知事への報告について教えてください。

A Q15の認定取消事由に該当していないかどうかについて、5年間は、毎年都道府県知事に対して報告しなければなりません。

● 解説

　Q14で認定を受けた中小企業（承継会社）は、その株式等の贈与に係る贈与税申告期限又は相続に係る相続税申告期限から5年間は、その申告期限の翌日から起算して1年経過するごとの日（「報告基準日」といいます。）の翌日から3か月を経過する日までに、次の事項を都道府県知事に報告しなければなりません（円滑化規12①柱書、③柱書）。

1．年次報告事項

　事業承継税制の適用を受けた承継会社は、次の事項を記載した年次報告書（様式第11）を提出しなければなりません（円滑化規12①、③）。

一	報告基準期間（注）における代表者の氏名 （注）　報告基準期間：報告基準日の属する年の前年の報告基準日の翌日からその報告基準日までの間をいいます。なお、前年の報告基準日に当たる日がないときは、認定申請基準日となります。
二	報告基準日（注）における常時使用従業員数 （注）　報告基準日：贈与税又は相続税の申告期限から1年を経過するごとの日
三	報告基準期間における承継会社の株主等の氏名及びその所有株式等に係る議決権数
四	報告基準期間に、承継会社が上場会社等又は風俗営業会社のいずれにも該当しないこと
五	報告基準期間に、承継会社が資産保有型会社に該当しないこと

六	報告基準事業年度（注）においていずれも承継会社が資産運用型会社に該当しないこと （注）報告基準事業年度：報告基準日の属する年の前年の報告基準日の翌日の属する事業年度からその報告基準日の翌日の属する事業年度の直前事業年度までの各事業年度をいいます。
七	報告基準事業年度における承継会社の総収入金額
八	報告基準期間に、承継会社の特定特別子会社が風俗営業会社に該当しないこと

2．年次報告書添付書類

1．の報告をする承継会社は、その報告書の写し1通及び次の書類を添付する必要があります（円滑化規12②、④）。

一	報告基準日における定款の写し
二	報告基準日以後に作成された登記事項証明書
三	報告基準日における株主名簿の写し
四	報告基準日における従業員数証明書
五	報告基準事業年度の会社法に規定する書類（貸借対照表、損益計算書、株主資本等変動計算書、個別注記表及び事業報告並びに附属明細書）等
六	報告基準期間において、承継会社が上場会社等又は風俗営業会社のいずれにも該当しない旨の誓約書
七	報告基準期間において、承継会社の特定特別子会社が風俗営業会社に該当しない旨の誓約書
八	前各号のほか、参考となる書類

3．臨時報告事項 （円滑化規12⑤～⑧）

1．の規定にかかわらず、承継会社は、次の各号の場合に該当するときには、それぞれに該当する日の翌日から1か月（二号及び三号の場合は4か月）を経過する日までに、様式第12（随時報告書）に添付書類を添付して、その該当した旨を都道府県知事に報告しなければなりません。

一	Q15の解説１．（贈与）の場合は、その各号（三号及び二十二号を除く）のいずれかに該当したとき Q15の解説２．（相続）の場合は、その各号（三号を除く）のいずれかに該当したとき	いずれかに該当した日
二	受贈者又は相続人等が死亡したとき	死亡した日
三	受贈者又は相続人等が承継会社の代表者を退任した場合で、その受贈者又は相続人等が承継会社の認定株式の全部又は一部について認定を受けて再贈与（認定株式再贈与）をしたとき	受贈者又は相続人等が承継会社の代表者を退任した日

Q17 贈与者に相続が開始した場合の切替確認

事業承継税制の適用を受けた贈与者の相続が開始した場合、都道府県に対して提出できる切替確認について教えてください。

A 事業承継税制の適用を受けている中小企業（承継会社）は、その贈与者の相続が開始した場合には、一定事項に該当することについて都道府県知事の確認を受けることができます。

この確認を受けることにより、贈与税の納税猶予制度の適用を受けていた贈与株式について、相続税の納税猶予制度の適用を受けることができることになります。

● 解説

1. 確 認 事 項

都道府県知事の確認を受ける事項は次の通りです（円滑化規13①）。

一	削除
二	相続開始時に承継会社及びその特定特別子会社が風俗営業会社に該当しないこと
三	相続開始時において、承継会社が資産保有型会社に該当しないこと
四	相続開始日の翌日の属する事業年度の直前事業年度において、承継会社が資産運用型会社に該当しないこと
五	相続開始日の翌日の属する事業年度の直前事業年度において、承継会社の総収入金額が零を超えること
六	相続開始時において、承継会社の常時使用従業員数が1人以上（承継会社の特別子会社が外国会社の場合は5人以上）であること
七	相続開始時において、承継会社及びその特定特別子会社が上場会社等に該当しないこと（一定の場合を除く）
八	承継会社の受贈者が、その承継会社の代表者であって、相続開始時において同族関係者と合わせて承継会社の総株主等議決権数の50％超の議決権を有し、かつ、いずれの同族関係者が有する議決権数も下回らない者であること

九	承継会社が会社法108条1項8号の定めがある種類株式を発行している場合、相続開始時においてその株式を承継会社の受贈者以外の者が有していないこと

２．添付書類

　1.の確認を受けようとする承継会社は、贈与者の相続開始日の翌日から8か月を経過する日までに、確認申請書（様式第17）とその写し1通に次の書類を添付して、都道府県知事に提出します（円滑化規13②）。

一	相続開始時の定款の写し	
二	相続開始時の株主名簿の写し	
三	相続開始日以後に作成された登記事項証明書	
四	相続開始時の従業員数証明書	
五	相続開始日の翌日の属する事業年度の直前事業年度の会社法に規定する書類（貸借対照表、損益計算書、株主資本等変動計算書、個別注記表及び事業報告並びに附属明細書）等	
六	相続開始時において、承継会社及びその特定特別子会社が風俗営業会社に該当しない旨の誓約書	
七	次の誓約書	
	イ	相続開始時において、承継会社の特別子会社が外国会社である場合で、その承継会社又はその会社による支配関係がある法人がその特別子会社の株式等を有しないときはその有しない旨の誓約書
	ロ	相続開始時に、承継会社及びその会社の特定特別子会社が上場会社等に該当しない旨の誓約書
八	相続開始時における贈与者及びその親族の戸籍謄本等並びに相続開始時における承継会社の受贈者及びその親族の戸籍謄本等	

第3章

贈与税の納税猶予・免除制度

Q18 贈与税の納税猶予の適用要件

贈与税の納税猶予制度の適用を受けることができる要件を教えてください。

A 贈与税の納税猶予制度の適用を受けるためには、経営承継円滑化法に基づく都道府県知事の認定を受け、その認定書を添付して申告する必要があります。贈与税の納税猶予制度の適用を受けるための要件は、都道府県知事の認定を受けるための要件と重なっています。

● 解説

贈与税の納税猶予制度の適用を受けるためには、贈与者の要件、受贈者（後継者）の要件、承継会社の要件、対象株式等の要件を全て満たす必要があります。順次説明していきます。

1．贈与者の要件 （措法70の7の5①、措令40の8の5①）

	承継会社の株式等について既にこの規定の適用に係る贈与をしていない者	
一	**下記二以外の場合**：贈与時前に、承継会社の代表権を有していた個人で、次の要件の全てを満たすもの。制限が加えられた代表権はここでいう代表権を有していたことにはなりません。	
	イ	・贈与直前に、贈与者及びその特別関係者（注１）が有する承継会社の株式等に係る**議決権数合計がその会社の総株主等議決権数の50％超**であること ・贈与者が贈与直前に承継会社の代表権を有しない場合は、その贈与者が代表権を有していた期間内のいずれかの時及び贈与直前に特別関係者と合わせて50％超であること

	ロ	・贈与直前に、贈与者が有する承継会社の株式等に係る議決権数が、その特別関係者（受贈者となる者を除く）のうちいずれの者が有する議決権数を下回らないこと（**特別関係者内で筆頭株主**であること） ・贈与者が贈与直前に承継会社の代表権を有しない場合は、その贈与者が代表権を有していた期間内のいずれかの時及び贈与直前に筆頭株主であること
	ハ	贈与時に、贈与者が承継会社の**代表権を有していないこと**
二	**贈与直前に、次のいずれかの者がある場合**：承継会社の株式等を有していた個人で、贈与時に承継会社の代表権を有していないもの	
	イ	承継会社の株式等について、贈与税の納税猶予、相続税の納税猶予等の適用を受けている者
	ロ	上記一の者から、贈与税の納税猶予の適用に係る贈与により承継会社の株式等を取得している者（イの者を除く）
	ハ	相続税の納税猶予の適用を受ける被相続人から相続又は遺贈により承継会社の株式等を取得している者（イの者を除く）

2．受贈者の要件（措法70の7の5②六）

1．の贈与者から贈与により承継会社の株式等の取得をした個人で、次の要件の全てを満たす者（その者が2人又は3人以上である場合には、その承継会社が定めた2人又は3人までに限る。）をいいます。		
イ	贈与日に20歳以上であること	
ロ	贈与時に承継会社の代表権を有していること。この場合、制限を加えられた代表権は除きます。	
ハ	贈与時に、受贈者とその特別関係者の有する承継会社の株式等に係る議決権数合計が、その会社の総株主等議決権数の50％超であること。この場合、総株主等議決権数には、株主総会で決議することのできる事項の全部につき議決権を行使することができない株主を除きます。	
二	次の区分に応じ、次に定める要件を満たしていること	
	(1)	**受贈者が1人の場合** 贈与時に、受贈者が有する承継会社の株式等に係る議決権数が、その特別関係者のうちいずれの者が有する承継会社の株式等に係る議決権数を下回らないこと

	(2)	**受贈者が2人又は3人の場合** ・贈与時に、受贈者が有する承継会社の株式等に係る議決権数が、承継会社の総株主等議決権数の10％以上であること ・上記ハの特別関係者のうちいずれの者が有する承継会社の株式等に係る議決権数をも下回らないこと
ホ		受贈者が、贈与時から贈与日の属する年分の贈与税申告書の提出期限までその株式等の全てを有していること
ヘ		受贈者が、贈与日まで引き続き3年以上にわたりその承継会社の役員その他の地位を有していること
ト		受贈者が承継会社の株式等について一般措置の適用を受けていないこと
チ		受贈者が、承継会社の経営を確実に承継すると認められる要件を満たしていること（経営承継円滑化法の確認を受けた後継者のことをいいます。）

3．承継会社の要件 （措法70の7の5②一）

経営承継円滑化法の認定を受けた会社で、贈与時に、次の要件の全てを満たすものをいいます。		
イ		常時使用従業員数が1人以上であること
ロ		資産保有型会社又は資産運用型会社のうち一定のものに該当しないこと
ハ		承継会社の株式等及びその特定特別関係会社（注3）の株式等が非上場株式等に該当すること
ニ		承継会社及びその特定特別関係会社が風俗営業会社に該当しないこと
ホ		承継会社の特別関係会社（注2）が外国会社に該当する場合にあっては、その会社の常時使用従業員数が5人以上であること
ヘ		イからホの他、会社の円滑な事業運営確保のために必要とされる要件を備えているもの（措令40の8の5⑨、40の8⑩）
	(1)	経営承継円滑化法の認定を受けた会社の贈与日の属する事業年度の直前事業年度における総収入金額が零を超えること
	(2)	上記(1)の会社が発行する種類株式（拒否権付種類株式）をその会社に係る受贈者以外の者が有していないこと
	(3)	上記(1)の会社の特定特別関係会社が中小企業に該当すること

4．対象株式等の要件 （措法70の7の5①）

一	受贈者が1人の場合 次の区分に応じ、次に定める贈与	
	イ	贈与直前に、贈与者が有していた承継会社の株式等の数が、その会社の発行済株式等（議決権に制限のない株式等に限る。）総数の3分の2からその受贈者が有していたその会社の株式等の数を控除した残数以上の場合 ：その控除した残数以上の数に相当する株式等の贈与
	ロ	イ以外の場合：贈与者が贈与直前において有していた承継会社の株式等の全ての贈与
二	受贈者が2人又は3人の場合 贈与後におけるいずれの受贈者の有する承継会社の株式等の数がその会社の発行済株式等総数の10％以上となる贈与で、かつ、いずれの受贈者の有するその会社の株式等の数が贈与者の有するその会社の株式等の数を上回る贈与	

（注1）【特別の関係がある者（特別関係者）】

特別の関係がある者とは、次に掲げる者をいいます（措法70の7の5②六ハ、措令40の8の5⑭、措法70の7②三ハ、40の8⑪）。

一	代表権を有する者の親族	
二	代表権を有する者と婚姻の届出をしていないが、事実上婚姻関係と同様の事情にある者	
三	代表権を有する者の使用人	
四	代表権を有する者から受ける金銭その他の資産によって生計を維持している者（一から三の者を除く。）	
五	二から四の者と生計を一にするこれらの者の親族	
六	次に掲げる会社	
	イ	代表権を有する者（一から五の者を含む。）が他の会社の総株主等議決権数の50％超を保有する場合における当該他の会社
	ロ	代表権を有する者及びイの会社が他の会社の総株主等議決権数の50％超を保有する場合における当該他の会社
	ハ	代表権を有する者及びイ又はロの会社が他の会社の総株主等議決権数の50％超を保有する場合における当該他の会社

(注2)　【特別の関係がある会社（特別関係会社）】
　　経営承継円滑化法の認定を受けた会社（承継会社）、その会社の代表者及びその代表者の特別関係者（一定の会社を除く。）が他の会社（外国会社を含む。）の総株主等議決権数の50％超を有する場合における当該他の会社をいいます（措法70の7の5②一ハ、措令40の8の5⑥、措法70の7②一ハ、措令40の8⑦）。

(注3)　【特定会社（承継会社）と密接な関係を有する会社（特定特別関係会社）】
　　特別関係会社における特別関係者のうち、「代表者の親族」を「代表者と生計を一にする親族」と読み替えたものです。したがって、特別関係者のうち「代表者の生計別親族」は除かれます。
　　会社とその代表者及びその代表者の特別関係者（上記を読み替えた者）が他の会社の総株主等議決権数の50％超を有する場合における当該他の会社をいいます（措法70の7の5②一ハ、措令40の8の5⑦、措法70の7②一ハ、措令40の8⑧）。

Q19 納税猶予分の贈与税額の計算

贈与税の納税猶予制度を適用した場合に猶予される税額を教えてください。

A 　非上場株式等の贈与を受けた受贈者（後継者）は、事業承継税制（特例措置）を選択した場合、承継会社の株式等について、贈与額の全額が猶予されます。

　贈与税の体系には、暦年課税制度と相続時精算課税制度とがあり、贈与税の納税猶予制度は、それぞれの制度の特例という位置づけです。したがって、暦年課税制度を適用した場合の贈与税額、相続時精算課税制度を選択した場合の贈与税額、それぞれの税額（結果、猶予される税額）は異なることになります。ただし、いずれの制度を採用しても、その計算された税額が全額猶予されます。

● 解説 ●

　贈与税の納税猶予制度を適用して贈与を受けた承継会社の株式等は、暦年課税制度と相続時精算課税制度のいずれを選択しても、その計算された贈与税額全額が納税猶予対象となるため、贈与時の資金的な差異はありません。

　しかし、事後要件に抵触して納税猶予期限が確定し、猶予税額を納付しなければならなくなった場合（Q23参照）には、どちらの制度を選択したのかによって、納付しなければならない税額が異なることになります。

　ちなみに、猶予税額が取り消されて納付した贈与税額は、相続時精算課税制度を選択した場合には、将来の相続税計算で精算されますが、暦年課税制度を適用していた場合には、相続開始前3年以内の贈与規定の適用がある場合を除き、持戻しはできません。

　ところで、平成30年度税制改正により創設された事業承継税制（特例措置）において、事業の継続が困難な事由が生じた場合に猶予税額の一部が免

除される規定が新設されました（Q26参照）。贈与税に係る事業承継税制の適用に際して相続時精算課税制度を選択した場合にも、この免除規定は適用されます。

しかし、その後贈与者（先代経営者等）が亡くなった場合、この生前贈与株式等は譲渡等しているため贈与者が死亡した場合の相続税の課税特例（Q33参照）の適用はなく、単純に相続時精算課税制度を適用した生前贈与財産として、相続税の課税対象となります（相法21の15①）。

すなわち、その際には、贈与時の評価額を相続時の評価額として相続税の計算をすることになります（相基通21の15－2）。

暦年贈与制度を適用していた場合は、譲渡等時点で課税関係が終了するので、このようなことは起こりません。

このため、事業承継税制を適用して承継会社の株式等を贈与しようとする場合には、必ずしも相続時精算課税制度を選択することが有利だとは言い切れません（Q34参照）。

【前提条件】

		対象会社株式等	その他の財産	計
贈与金額	(1)	1億円	－	1億円
	(2)	1億円	5,000万円	1億5,000万円
贈与者（先代経営者）		70歳		
受贈者（後継者）		（直系卑属）40歳		

1．暦年課税制度を適用した場合

(1) **承継会社の株式等のみを贈与した場合**

（1億円－110万円）×55％－640万円＝4,799.5万円（納税猶予税額）

(2) **承継会社の株式等に加えてその他の財産（5,000万円）も贈与した場合**

（図1参照）

① （1億円＋5,000万円－110万円）×55％－640万円＝7,549.5万円

② （1億円－110万円）×55％－640万円＝4,799.5万円（納税猶予税額）

③ ①−②＝2,750万円（納税額）

２．相続時精算課税制度を選択した場合

(1) 承継会社の株式等のみを贈与した場合

（1億円−2,500万円）×20％＝1,500万円（納税猶予税額）

納税額はゼロ。

(2-1) 承継会社の株式等に加えてその他の財産（5,000万円）も贈与した場合（図2参照）

① （1億円＋5,000万円−2,500万円）×20％＝2,500万円
② （1億円−2,500万円）×20％＝1,500万円（納税猶予税額）
③ ①−②＝1,000万円（納税額）

(2-2) 前年にその他財産を相続時精算課税制度を使って贈与し、当年に対象会社株式等のみを贈与した場合（図3参照）

（前年の計算）

（5,000万円−2,500万円）×20％＝500万円（納税額）

（当年の計算）

1億円×20％＝2,000万円（納税猶予税額）

（通年の計算）

・2,000万円（納税猶予税額）
・ 500万円（納税額）

【図1　暦年課税制度】

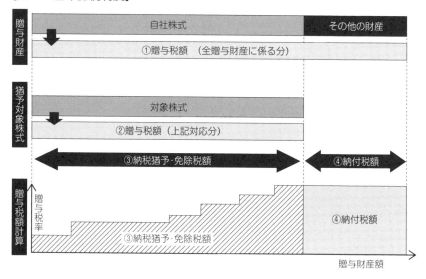

【図2　相続時精算課税制度～その他の財産を同年贈与～】

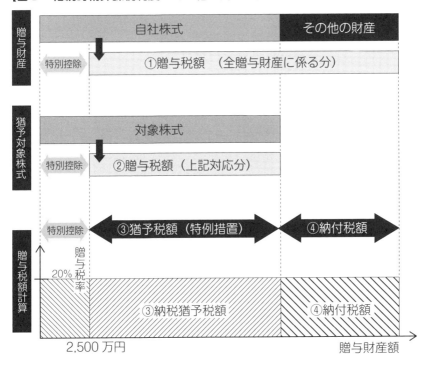

【図3 相続時精算課税制度〜その他の財産を前年贈与〜】

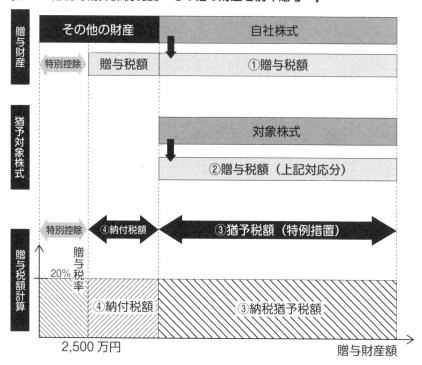

Q20 贈与税申告書の提出

贈与税の納税猶予制度（特例措置）の適用を受けるための手続きについて教えてください。

A 　贈与税の納税猶予制度（特例措置）の適用を受けるためには、次の手順を踏むことになります。
1．特例承継計画の作成と都道府県知事への確認申請
2．贈与の実行
3．都道府県知事への認定申請
4．贈与税申告書の提出

● 解説

贈与税の納税猶予を受けるためには、次の手順で進めることになります。

1．特例承継計画の作成と都道府県知事の確認（Q13参照）

　特例承継計画（様式第21）に、後継者の氏名や事業承継の時期、承継時までの経営の見通しや承継後5年間の事業計画等に加え、認定経営革新等支援機関による指導及び助言等を記載して、平成35年3月31日までに都道府県知事宛てに申請します。

　平成35年3月31日までに贈与する場合には、贈与後、認定申請時（下記3．）までに特例承継計画を作成・提出することも可能ですが、平成35年4月1日以降の提出は受理されません。

　都道府県知事は、特例承継計画の申請を受けた場合、確認書（様式第22）を交付し、又は確認しない旨（様式第23）の通知をします。

2．贈与の実行

　贈与者（先代経営者）から受贈者（後継者）に対して承継会社の株式等を贈与します。

3．都道府県知事への認定申請と認定（Q14参照）

都道府県知事から認定を受けるためには、承継会社の要件、受贈者（後継者）の要件、贈与者（先代経営者又は先代経営者以外の株主）の要件を満たす必要があります。

贈与者が先代経営者の場合（第一種贈与）は様式第7の3の認定申請書を、先代経営者以外の株主の場合（第二種贈与）の場合は様式第7の4の認定申請書を、都道府県知事に提出します。

認定申請は、贈与年の10月15日から翌年1月15日までの期間内に提出します。

都道府県知事は、認定申請を受けた場合、申請内容を認定する旨の認定書（様式第9）を交付し、又は認定しない旨（様式第10）の通知をします。

4．贈与税申告書の提出

受贈者（後継者）は、贈与により取得した非上場株式等について、翌年2月1日から3月15日までに、事業承継税制（特例措置）の適用を受ける旨の贈与税申告書を納税地の所轄税務署長宛に提出します（措法70の7の5①）。

この場合において、事業承継税制（特例措置）の適用を受けるためには、次のいずれかの贈与である必要があります。

1	平成30年1月1日から平成39年12月31日までの間の最初の贈与
2	1の贈与日から特例経営贈与承継期間（注）の末日までの間に贈与税申告書の提出期限が到来する贈与

（注） 特例経営贈与承継期間：贈与日の属する年分の贈与税申告書の提出期限の翌日から次に掲げる日のいずれか早い日又は受贈者若しくは贈与者の死亡の日の前日のいずれか早い日までの期間をいいます（措法70の7の5②七）。

イ	受贈者の最初の贈与日の属する年分の贈与税申告書の提出期限の翌日以後5年経過日
ロ	受贈者の最初の相続に係る相続税申告書の提出期限の翌日以後5年経過日

贈与税申告書には、次の書類を添付します（措法70の7の5⑤、措規23の12の2⑭）。

一	承継会社の定款の写し
二	贈与直前及び贈与時における承継会社の株主名簿の写し（承継会社が証明したものに限る。）
三	承継会社等が外国会社又は３％以上を所有する上場会社の株式等、50％超を所有する医療法人の出資を有する場合には、承継会社の贈与日の属する事業年度の直前事業年度の貸借対照表及び損益計算書
四	贈与契約書の写し
五	都道府県知事の認定書（様式第９）の写し及び認定申請書（様式第７の３）の写し
六	都道府県知事の確認書（様式第22）の写し及び特例承継計画（様式第21）の写し
七	対象株式等の全部又は一部が免除対象贈与により取得した場合にあっては、贈与者ごとの対象株式等の内訳等を記載した書類
八	現物出資等資産の額並びにその明細並びに現物出資等者の氏名その他を記載した書類
九	対象株式等の取得日の属する年中においてその贈与者から承継会社の株式等を取得した他の受贈者の氏名及び住所を記載した書類
十	その他参考となるべき書類

【贈与税の納税猶予を受けるための手続きフロー】

納税猶予を受けるためには、「都道府県知事の認定」、「税務署への申告」の手続きが必要となります。

提出先		
	● 提出先は「主たる事務所の所在地を管轄する都道府県庁」です。	
	● 平成30年1月1日以降の贈与について適用することができます。	

都道府県庁	特例承継計画の策定 確認申請	● 会社が作成し、認定経営革新等支援機関（商工会、商工会議所、金融機関、税理士等）が所見を記載。 ● 平成35年3月31日まで提出可能です。 ※平成35年3月31日までに贈与を行う場合、贈与後、認定申請時までに特例承継計画を作成・提出することも可能です。
	贈与	
	認定申請	● 贈与年の10月15日〜翌年1月15日までに申請。 ● 特例承継計画を添付。
税務署	税務署へ申告	● 認定書の写しとともに、贈与税の申告書等を提出。 ● 相続時精算課税制度の適用を受ける場合には、その旨を明記

出所：中小企業庁「経営承継円滑化法　申請マニュアル」

Q21 担保提供

事業承継税制の適用を受けるために必要な担保提供の内容について教えてください。

A　事業承継税制の適用を受けるためには、贈与税申告書の提出期限までに納税猶予分の贈与税額に相当する担保を提供する必要がありますが、承継会社の株式等の全てを担保提供した場合には、納税猶予分の贈与税額に相当する担保が提供されたものとみなされます。

● 解説

1．担保提供の原則

事業承継税制の適用を受ける場合、贈与税申告書の提出期限までに納税猶予分の贈与税額に相当する担保を提供したときに限り、贈与税の納税が猶予されます（措法70の7の5①）。

担保提供する財産の価額は、納税猶予税額及び猶予期間中の利子税額の合計額に見合うことが必要です（措通70の7の5-4、70の7-8、担保提供Q&A問3、6）

担保として提供できる財産は次のとおりです（担保提供Q&A問1、2）。

1	納税猶予の対象となる承継会社の株式等（非上場株式又は持分会社の持分） （注）　特例非上場株式等の全部を担保提供する場合に限ります（措法70の7の5⑩、70の7⑬二）。 この場合には、非上場株式に譲渡制限が付されているものであっても、担保として提供できる財産として取り扱います（措通70の7-32）。
2	不動産、国債・地方債、税務署長が確実と認める有価証券、税務署長が確実と認める保証人の保証など（国税通則法50条に掲げる財産）

2．担保提供の例外

(1) みなす充足規定

　事業承継税制の適用を受けようとする後継者が納税猶予分の贈与税額につき承継会社の株式等の全てを担保提供した場合には、その株式等の価額の合計額が納税猶予分の贈与税額に満たないときであっても、納税猶予分の贈与税額に相当する担保提供がされたものとみなされます（措法70の7の5④⑩、70の7⑥⑬二、措規23の12の2⑩⑱、23の9⑫㉖、担保提供Q&A問7、10）。これを「みなす充足規定」といいます。

(2) みなす充足規定に該当しない事由

　担保として提供されている非上場株式等について、全部又は一部に変更があった場合には、みなす充足の取扱いが適用されなくなります（措法70の7の5④、70の7⑥ただし書）ので、この場合には税務署長から増担保要求が行われることになります。

　この「担保の全部又は一部に変更があった場合」とは、次のようなものをいいます（措通70の7-30、担保提供Q&A問8）。

① 担保として提供された株式等に係る承継会社が合併により消滅した場合
② 担保として提供された株式等に係る承継会社が株式交換等により他の会社の株式交換完全子会社等になった場合
③ 担保として提供された株式等に係る承継会社が組織変更した場合
④ 担保として提供された株式等の併合又は分割があった場合
⑤ 担保として提供された株式等に係る承継会社が会社法185条に規定する株式無償割当てをした場合
⑥ 担保として提供された株式等の名称変更があったことその他の事由により担保として提供された株式等に係る株券の差替えの手続きが必要となった場合
⑦ 担保財産の変更等が行われたため、株式等のすべてが担保として提供されていないこととなった場合
⑧ 担保として提供された株式等について、措置法規則23条の9第26項に掲げる要件に該当しないこととなった場合

※ 措置法規則23条の９第26項に掲げる要件とは、株式等について質権の設定がされていないこと又は差押えがされていないことその他株式等について担保の設定又は処分の制限（民事執行法その他の法令の規定による処分の制限をいいます。）がされていないことをいいます。

3．担保提供の手続き

　事業承継税制の適用を受けようとする後継者が行う担保提供は、国税通則法令16条に定める手続きのほか、承継会社の株式等を担保として提供する場合には、担保提供を約する書類等一定の書類を納税地の所轄税務署長に提出する方法によります（措令40の８の５③、40の８③）。

　この場合において、承継会社が株券不発行会社であるときは、次の書類を提出します（措規23の12の２①、23の９①一）。

イ	受贈者が承継会社の株式等に質権を設定することについて承諾した旨を記載した書類（受贈者が自署、押印しているものに限る。）
ロ	イの受贈者の印に係る印鑑証明書
ハ	株主名簿（代表者が自署、押印しているものに限る。）及び承継会社の代表者の印に係る印鑑証明書

Q22 継続届出書の提出

納税猶予期間中に税務署長に提出しなければならない継続届出書について教えてください。

A 事業承継税制の適用を受けた受贈者は、都道府県知事への年次報告書の提出（Q16参照）とは別に、5年間は毎年、5年経過後は3年毎に、税務署に対して継続届出書を提出しなければなりません。

● 解説

1．継続届出書の提出

　事業承継税制の適用を受ける受贈者は、贈与税申告書の提出期限の翌日から猶予中贈与税額に相当する贈与税の全部につき納税猶予期限が確定する日までの間に報告基準日（注1）が存する場合には、届出期限までに、引き続いて事業承継税制の適用を受けたい旨及び承継会社の経営に関する事項を記載した届出書を納税地の所轄税務署長に提出しなければなりません（措法70の7の5⑥）。

　この場合における届出期限とは、第一種贈与基準日の翌日から5か月を経過する日及び第二種贈与基準日の翌日から3か月を経過する日をいいます。

　なお、継続届出書が届出期限までに納税地の所轄税務署長に提出されない場合には、猶予中贈与税額に相当する贈与税は、届出期限の翌日から2か月経過日をもって納税猶予期限となります（措法70の7の5⑧、70の7⑪）。

> **(注1)【(贈与)報告基準日】**
>   次のイ又はロの期間の区分に応じイ又はロに定める日をいいます（措法70の7の5②九）。
>
> | イ | **(贈与)承継期間（注2）**：贈与日の属する年分の贈与税申告書の提出期限の翌日から1年を経過するごとの日（第一種贈与基準日） |
> |---|---|
> | ロ | **上位イの(贈与)承継期間の末日の翌日から猶予中贈与税額に相当する贈与税の全部につき納税猶予期限が確定する日までの期間**：その末日の翌日から3年を経過するごとの日（第二種贈与基準日） |

> **(注2)【(贈与)承継期間】**
>   贈与日の属する年分の贈与税申告書の提出期限の翌日から次に掲げる日のいずれか早い日又は受贈者若しくはその受贈者に係る贈与者の死亡日の前日のいずれか早い日までの期間をいいます（措法70の7の5②七）。
>
> | イ | 受贈者の最初の贈与日の属する年分の贈与税申告書の提出期限の翌日以後5年を経過する日 |
> |---|---|
> | ロ | 受贈者の最初の相続に係る相続税申告書の提出期限の翌日以後5年を経過する日 |

2．5年経過時の継続届出書に添付すべき書類

　昨今の中小企業における採用難を背景に、事業承継税制（特例措置）では、雇用の5年平均8割水準維持の要件（雇用確保要件）が除かれています（措法70の7の5③かっこ書）。

　ただし、報告基準日が承継期間の末日である場合において、雇用確保要件を満たしていないときは、継続届出書に「特例承継計画に関する報告書」（様式第27）の写し及び「施行規則第20条第14項の規定による確認書」（様式第28）の写しを添付しなければなりません（措法70の7の5⑥、措令40の8の5⑳五、措規23の12の2⑮六）。

これらの書類を継続届出書に添付できない場合は、猶予中贈与税額に相当する贈与税は、届出期限の翌日から2か月経過日をもって納税猶予期限となります（措法70の7の5⑧、70の7⑪）。

【贈与税の納税猶予を継続するための手続きフロー】

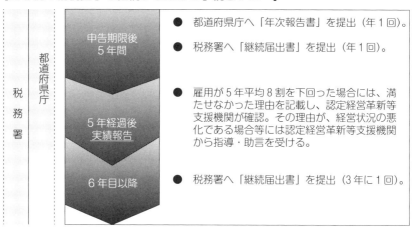

出所：中小企業庁「経営承継円滑化法　申請マニュアル」

Q23 贈与税の納税猶予期限の確定

贈与税の納税猶予期限が確定し、猶予税額を支払わなければならないのはどのような場合でしょうか。

A 後継者又は承継会社について一定事由が生じた場合には、その一定事由が生じた場合に該当することとなった日から2か月を経過する日が贈与税の納税猶予期限となります。

● 解説

1．承継期間（5年）内の全部確定

事業承継税制の適用を受ける後継者又は承継会社について、次のいずれかの場合に該当することとなった場合には、猶予中贈与税額に相当する贈与税の全部につきその該当することとなった日から2か月経過日が納税猶予期限となります（措法70の7の5③、70の7③、措令40の8の5⑱、40の8㉕）。

ただし、その2か月経過日までの間にその後継者が死亡した場合には、その後継者の相続人等が後継者の死亡開始があったことを知った日の翌日から6か月経過日が期限となります（以下、2．～4．において同じ。）。

	確定事由
一	後継者が承継会社の代表権を有しないこととなった場合（後継者が精神障碍者保健福祉手帳1級、身体障害者手帳1級又は2級の交付を受けた場合等やむを得ない場合を除く。(措規23の12の2⑫、23の9⑮))。
二	（準用しません）
三	後継者とその特別関係者が有する議決権数合計が承継会社の総株主等議決権数の50％以下となった場合
四	後継者の特別関係者のうちいずれかの者（複数後継者の場合のその後継者を除く）が、後継者の有する議決権数を超える数の議決権を有することとなった場合
五	後継者が対象株式等の一部を譲渡又は贈与（「譲渡等」という。）した場合
六	後継者が対象株式等の全部を譲渡等した場合

七	承継会社が一定の会社分割又は組織変更した場合
八	承継会社が解散した場合（合併による消滅を除く）
九	承継会社が資産管理会社（資産保有型会社又は資産運用型会社）のうち一定のものに該当した場合
十	承継会社の事業年度における総収入金額が零となった場合
十一	承継会社が資本金の額又は準備金の額を減少した場合
十二	後継者が納税猶予の適用を受けることをやめる旨の届出書を納税地の所轄税務署長に提出した場合
十三	承継会社が非適格合併により消滅した場合
十四	承継会社が非適格株式交換等により他の会社の株式交換完全子会社等となった場合
十五	承継会社の株式等が非上場株式等に該当しないこととなった場合
十六	承継会社又はその特定特別関係会社が風俗営業会社に該当することとなった場合
十七	上記のほか、以下①～④のように後継者による承継会社の円滑な事業運営に支障を及ぼすおそれがある場合
	① 承継会社が発行する拒否権付種類株式（会108①八）を後継者以外の者が有することとなったとき
	② 株式会社である承継会社が株式等の全部又は一部を議決権制限株式に変更した場合
	③ 持分会社である承継会社が定款変更により後継者が有する議決権の制限をした場合
	④ 株式等の贈与者が承継会社の代表権を有することとなった場合

（注）　　　は、経営贈与承継期間内だけの確定事由（下記3．にはない規定）

2．承継期間（5年）内の一部確定

　事業承継税制の適用を受ける後継者又は承継会社について、次のいずれかの場合に該当することとなった場合には、一定の金額に相当する贈与税については、その該当することとなった日から2か月経過日が納税猶予期限となります（措法70の7の5③、70の7④）。

	確定事由
一	後継者が承継会社の代表権を有しないこととなった場合で、その後継者が対象株式等の一部につき事業承継税制に係る贈与をしたとき
二	承継会社が適格合併又は適格株式交換等をした場合で、その後継者が合併存続会社等及び株式交換完全親会社等の株式等以外の金銭等の交付を受けたとき

3．承継期間（5年）後の確定

承継期間の末日の翌日から猶予中贈与税額に相当する贈与税の全部につき納税猶予期限が確定する日までの間において、後継者又は承継会社について、次のいずれかの場合に該当することとなった場合には、一定の金額に相当する贈与税については、その該当することとなった日から2か月経過日が納税猶予期限となります（措法70の7の5③、70の7⑤）。

	確定事由	
一	上記1.の経営贈与承継期間内の確定事由のうちの一部（下記）に該当した場合	
	六	後継者が対象株式等の全部を譲渡等した場合
	八	承継会社が解散した場合（合併による消滅を除く）
	九	承継会社が資産管理会社（資産保有型会社又は資産運用型会社）のうち一定のものに該当した場合
	十	承継会社の事業年度における総収入金額が零となった場合
	十一	承継会社が資本金の額又は準備金の額を減少した場合
	十二	後継者が納税猶予の適用を受けることをやめる旨の届出書を納税地の所轄税務署長に提出した場合
二	後継者が承継会社の株式等の一部の譲渡等をした場合	
三	承継会社が合併により消滅した場合	
四	承継会社が株式交換等で他の会社の株式交換完全子会社等となった場合	
五	承継会社が会社分割（分割型分割）した場合	
六	承継会社の組織変更に際して株式等以外の財産の交付があった場合	

4．継続届出書を提出しなかった場合の確定

継続届出書が届出期限までに納税地の所轄税務署長に提出（Q22参照）さ

れない場合は、その届出期限における猶予中贈与税額に相当する贈与税については、その届出期限の翌日から2か月経過日が納税猶予期限となります（措法70の7の5⑧、70の7⑪）。

5．納税猶予期限の繰上げ

税務署長は、次の場合には、猶予中贈与税額に相当する贈与税に係る納税猶予期限を繰り上げることができます（措法70の7の5⑨、70の7⑫）。

一	担保として提供された財産の価額又は保証人の資力の減少その他の理由により贈与税の納付を担保することができないと認めるときに、後継者が税務署長が行う担保提供者に対する増担保提供、保証人変更その他の担保を確保するため必要な行為をすべきことの命令（通則法51①）に応じない場合
二	後継者から提出された継続届出書に記載された事項と相違する事実が判明した場合

Q24 利子税の納付

納税猶予期限の確定に伴い納税猶予分の税額に相当する贈与税とともに納付すべき利子税の計算はどうなりますか。

　後継者は納税猶予期限が確定した場合（Q23参照）には、猶予中贈与税額に加えて利子税を納付しなければなりません。

● 解説
1．利子税の納付

　後継者は、納税猶予期限が確定した場合には、期限が確定した猶予中贈与税額を基礎とし、事業承継税制の適用を受けるために提出する贈与税申告書の提出期限の翌日から原則として期限確定日から2か月経過日（一定の場合において、2か月経過日までの間にその後継者が死亡したときは、その後継者の相続人等が後継者の死亡開始があったことを知った日の翌日から6か月経過日）までの期間に応じ、年3.6％の割合の利子税を、猶予中贈与税額にあわせて納付しなければなりません（措法70の7の5㉒）。

2．利子税の割合の特例

　利子税の割合は上記の通り原則年3.6％ですが、各年の特例基準割合（注1）が年7.3％に満たない場合には、その年中は、その利子税の割合に対し特例基準割合が年7.3％の割合のうちに占める割合を乗じて計算した割合とされます（注2）。

　利子税の計算においてその計算過程における金額に1円未満の端数が生じたときはこれを切り捨てます（措法96）。

（注1）　特例基準割合
　各年の前々年の10月から前年の9月までの各月における銀行の新規短期貸付けの平均利率の合計を12で除して計算した割合（その割合に0.1％未満の端数があるときは、これを切り捨てる。）として各年の前年の12月15日までに財務大臣が告示する割合に、年1.0％の割合を加算した割合（措法93②）。

（注２） 措置法93条第２項による利子税の割合の計算式（0.1％未満の端数切捨て）

$$3.6\% \times \frac{特例基準割合}{7.3\%}$$

３．利子税の免除

　上記にかかわらず、承継期間経過後に納税猶予期限が確定した場合、その承継期間（５年間）については年3.6％は年０％とされます（措法70の７の５㉓）。

Q25 贈与税の猶予税額の免除

事業承継税制の適用を受けて納税が猶予されていた贈与税が免除されるのは、どのような場合でしょうか。

A　事業承継税制の適用を受けて納税猶予を受けていた贈与税について、受贈者（後継者）又は贈与者（先代経営者等）が死亡した場合その他一定の場合には、その猶予税額は免除されます。

● 解説

1．猶予税額の全額免除

　事業承継税制の適用を受けている受贈者（後継者）又は贈与者（先代経営者等）が次のいずれかに該当することとなった場合には、それぞれに定める贈与税が免除されます。

　この場合、受贈者又はその受贈者の相続人は、その<u>該当することとなった日</u>（三に該当する場合には、対象株式等の受贈者（3代目）が対象株式等について事業承継税制の適用を受ける旨の贈与税申告書を提出した日）<u>以後6か月</u>（二に該当する場合には、10か月）<u>経過日</u>（免除提出期限）までに一定事項を記載した届出書を納税地の所轄税務署長に提出しなければなりません（措法70の7の5⑪、70の7⑮）。

	免除事由	免除される贈与税
一	贈与者の死亡時以前に受贈者が死亡した場合	猶予中贈与税額に相当する贈与税
二	贈与者が死亡した場合 （この場合、その贈与者の死亡に伴う相続税の対象となります（Q32及びQ33参照））。	猶予中贈与税額のうち、贈与者が贈与をした対象株式等に対応する額として計算した金額（注1）に相当する贈与税

三	5年間の承継期間の末日の翌日（注2）以後に、受贈者（2代目）が対象株式等を3代目に事業承継税制に係る贈与をした場合	猶予中贈与税額のうち、その3代目への贈与に係る対象株式等に対応する額として計算した金額（注3）に相当する贈与税

（注1）（措令40の8㊳、措通70の7の5－23、70の7－37の2）

$$\text{贈与者の死亡直前における猶予中贈与税額} \times \frac{\text{贈与者が贈与した対象株式等の数等}}{\text{贈与者の死亡直前における対象株式等の数等}}$$

（注2） 5年間の承継期間内に受贈者（2代目）がその承継会社の代表権を有しないこととなった場合には、その有しないこととなった日

（注3）（措令40の8㊴、措通70の7の5－23、70の7－37の3）

$$\text{贈与直前における猶予中贈与税額} \times \frac{\text{3代目に贈与した対象株式等の数等}}{\text{贈与直前における対象株式等の数等}}$$

2．承継期間後における猶予税額の一部免除

　事業承継税制の適用を受けている受贈者又は承継会社が、5年間の承継期間の末日の翌日以後に次のいずれかに該当することとなった場合において、受贈者がそれぞれに定める贈与税の免除を受けようとするときは、それぞれに該当することとなった日から2か月経過日（申請期限）までに、免除を受けたい旨、免除申請贈与税額及びその計算明細等を記載した申請書を納税地の所轄税務署長に提出しなければなりません（措法70の7の5⑪、70の7⑯）。

	免除事由	免除を受けようとする贈与税
一	受贈者が対象株式等の全部を受贈者の特別関係者以外の者のうち一人に対して譲渡等した場合（注）において、次のイ及びロの金額の合計額が譲渡等直前における猶予中贈与税額に満たないとき	猶予中贈与税額からイ及びロの合計額を控除した残額相当の贈与税
	イ　譲渡等時における譲渡等をした対象株式等の時価相当額	
	ロ　譲渡等日以前5年以内において、受贈者及び受贈者と生計を一にする者が承継会社から受けた剰余金の配当等の額その他承継会社から受けた金額の合計額	
二	承継会社について破産手続開始決定又は特別清算開始命令があった場合	イの金額からロの金額を控除した残額相当の贈与税

	イ	解散直前における猶予中贈与税額
	ロ	解散前5年以内において、受贈者及び受贈者と生計を一にする者が承継会社から受けた剰余金の配当等の額その他承継会社から受けた金額の合計額
三	承継会社が合併により消滅した場合において、次のイ及びロの金額の合計額が合併効力発生直前における猶予中贈与税額に満たないとき	猶予中贈与税額からイ及びロの合計額を控除した残額相当の贈与税
	イ	合併効力発生直前における対象株式等の時価相当額
	ロ	合併効力発生日以前5年以内において、受贈者及び受贈者と生計を一にする者が承継会社から受けた剰余金の配当等の額その他承継会社から受けた金額の合計額
四	承継会社が株式交換等により他の会社の株式交換完全子会社等となった場合において、次のイ及びロの金額の合計額が株式交換等効力発生直前における猶予中贈与税額に満たないとき	猶予中贈与税額からイ及びロの合計額を控除した残額相当の贈与税
	イ	株式交換等効力発生直前における対象株式等の時価相当額
	ロ	株式交換等効力発生日以前5年以内において、受贈者及び受贈者と生計を一にする者が承継会社から受けた剰余金の配当等の額その他承継会社から受けた金額の合計額

(注) 民事再生法の再生計画若しくは会社更生法の更生計画の認可決定があった場合において、その再生計画若しくは更生計画に基づき対象株式等を消却するときを含みます。

Q26 事業継続が困難な場合の免除

事業の継続が困難な事由が生じた場合に納税猶予されていた贈与税を免除する制度について教えてください。

A 平成30年度に創設された事業承継税制（特例措置）では、従来の免除制度（Q25参照）に加えて、承継会社の業績が悪化し事業継続が困難な事由が生じた場合に、納税が猶予されていた贈与税を免除する制度が新設されました。

● 解説

1．事業の継続が困難な場合における再計算による猶予税額の免除

事業承継税制の適用を受けている受贈者又は承継会社が、5年間の承継期間の末日の翌日以後に、承継会社の事業の継続が困難な場合として次のいずれかに該当することとなった場合において、受贈者がそれぞれに定める贈与税の免除を受けようとするときは、それぞれに該当することとなった日から2か月経過日（申請期限）までに、免除を受けたい旨、免除申請贈与税額及びその計算明細等を記載した申請書を納税地の所轄税務署長に提出しなければなりません（措法70の7の5⑫、相続税については措法70の7の6⑬に同様の規定があります。）。

	免除事由	免除を受けようとする贈与税
一	受贈者が対象株式等の全部又は一部を受贈者の特別関係者以外の者に対して譲渡等をした場合において、次のイ及びロの金額の合計額が譲渡等直前における猶予中贈与税額に満たないとき	猶予中贈与税額からイ及びロの合計額を控除した残額相当の贈与税
	イ　譲渡等の対価の額（注1）を事業承継税制に係る贈与により取得した対象株式等の贈与時の価額とみなして計算した納税猶予分の贈与税額	
	ロ　譲渡等日以前5年以内において、受贈者及び受贈者の特別関係者が承継会社から受けた剰余金の配当等の額その他承継会社から受けた金額の合計額	

二	承継会社が合併により消滅した場合において、次のイ及びロの金額の合計額が合併効力発生直前における猶予中贈与税額に満たないとき		猶予中贈与税額からイ及びロの合計額を控除した残額相当の贈与税
	イ	合併対価の額（注2）を事業承継税制に係る贈与により取得した対象株式等の贈与時の価額とみなして計算した納税猶予分の贈与税額	
	ロ	合併効力発生日以前5年以内において、受贈者及び受贈者の特別関係者が承継会社から受けた剰余金の配当等の額その他承継会社から受けた金額の合計額	
三	承継会社が株式交換等により他の会社の株式交換完全子会社等となった場合において、次のイ及びロの金額の合計額が株式交換等効力発生直前における猶予中贈与税額に満たないとき		猶予中贈与税額からイ及びロの合計額を控除した残額相当の贈与税
	イ	交換等対価の額（注3）を事業承継税制に係る贈与により取得した対象株式等の贈与時の価額とみなして計算した納税猶予分の贈与税額	
	ロ	株式交換等効力発生日以前5年以内において、受贈者及び受贈者の特別関係者が承継会社から受けた剰余金の配当等の額その他承継会社から受けた金額の合計額	
四	承継会社が解散をした場合において、次のイ及びロの金額の合計額が解散直前における猶予中贈与税額に満たないとき		猶予中贈与税額からイ及びロの合計額を控除した残額相当の贈与税
	イ	解散直前における対象株式等の時価相当額を事業承継税制に係る贈与により取得した対象株式等の贈与時の価額とみなして計算した納税猶予分の贈与税額	
	ロ	解散日以前5年以内において、受贈者及び受贈者の特別関係者が承継会社から受けた剰余金の配当等の額その他承継会社から受けた金額の合計額	

(注1) 譲渡等の対価の額が譲渡等をした株式数等に対応する対象株式等の時価相当額の2分の1以下である場合には、2分の1相当額
(注2) 合併対価の額が合併効力発生直前における対象株式等の時価相当額の2分の1以下である場合には、2分の1相当額
(注3) 交換等対価の額が株式交換等効力発生直前における対象株式等の時価相当額の2分の1以下である場合には、2分の1相当額

2．事業の継続が困難な事由

　上記1．における承継会社の事業の継続が困難な事由とは、承継会社の業

績が悪化したような次の事由です（措令40の8の5㉒、相続税については措令40の8の6㉙）。

	事業の継続が困難な事由	
一	直前事業年度（1．のいずれかに該当することとなった日の属する事業年度の前事業年度）及びその直前の3事業年度のうち2以上の事業年度において、承継会社の収益の額が費用の額を下回る場合に該当すること【赤字】	
二	直前事業年度及びその直前の3事業年度のうち2以上の事業年度において、各事業年度の平均総収入金額が、その各事業年度の前事業年度の平均総収入金額を下回ること【売上減少】	
三	次の事由のいずれかに該当すること【過剰債務】	
	イ	承継会社の直前事業年度終了日における負債の帳簿価額が、その直前事業年度の平均総収入金額に6を乗じて計算した金額以上であること
	ロ	承継会社の直前事業年度の前事業年度終了日における負債の帳簿価額が、その事業年度の平均総収入金額に6を乗じて計算した金額以上であること
四	次の事由のいずれかに該当すること【類似業種の株価下落】	
	イ	判定期間（注1）における業種平均株価が、前判定期間（注2）における業種平均株価を下回ること
	ロ	前判定期間における業種平均株価が、前々判定期間（注3）における業種平均株価を下回ること
五	前各号のほか、受贈者が心身故障その他の事由により承継会社の業務に従事することができなくなったこと（措規23の12の2㉓、相続税については措規23の12の3㉓）【心身障害等】	

(注1) 判定期間とは、直前事業年度終了日の1年前の日の属する月から同月以後1年経過月までの期間をいいます。
(注2) 前判定期間とは、判定期間の開始前1年間をいいます。
(注3) 前々判定期間とは、前判定期間の開始前1年間をいいます。

3．譲渡等の価額が2分の1以下である場合

(1) 猶予税額の免除と猶予中贈与税額の再計算

　上記1．（四の解散を除く。）に該当する場合で、かつ、次に該当する場合において、受贈者が下記(2)の規定の適用を受けようとするときは、1．の規定にかかわらず、申請期限までに1．の各号イ及びロの金額の合計額に相当する担保を提供した場合で、かつ、申請期限までに本規定の適用を受けようとする旨、その金額の計算明細等の事項を記載した申請書を納税地の所轄税

務署長に提出した場合に限り、再計算対象猶予税額からイ及びロの合計額を控除した残額を免除し、その合計額を猶予中贈与税額とすることができます（措法70の7の5⑬、措規23の12の2㉖、相続税については措法70の7の6⑭、措規23の12の3㉖）。

一	譲渡等の対価の額が譲渡等時における対象株式等の時価（相続税評価額）相当額の2分の1以下である場合
二	合併対価の額が合併効力発生直前における対象株式等の時価（相続税評価額）相当額の2分の1以下である場合
三	交換等対価の額が株式交換等効力発生直前における対象株式等の時価（相続税評価額）相当額の2分の1以下である場合

(2) 再々計算による納税免除又は納税猶予期限

上記1.（四の解散を除く。）に該当することとなった日から2年経過日において、(1)の規定により猶予中贈与税額とされた金額に相当する贈与税の納税猶予期限及び免除については、次の区分に応じ次に定めるところによります（措法70の7の5⑭、相続税については措法70の7の6⑮）。

免除事由		納税免除又は納税猶予期限
一	次の会社が2年経過日において事業を継続している場合として一定の場合（注）	再計算贈与税額に相当する贈与税については、2年経過日から2か月経過日をもって納税猶予期限とし、(1)の規定により猶予中贈与税額とされた金額から再計算贈与税額を控除した残額に相当する贈与税を免除します。
	イ (1) 一の場合における譲渡等をした対象株式等に係る会社	
	ロ (1) 二の場合における合併に係る吸収合併存続会社等	
	ハ (1) 三の場合における株式交換等に係る株式交換完全子会社等	
二	一イからハの会社が2年経過日において事業を継続していない場合	(1)の規定により猶予中贈与税額とされた金額に相当する贈与税については、再申請期限をもって納税猶予期限となります。

（注） 事業を継続している場合として一定の場合とは、上記一イからハまでの会社が2年経過日において次の要素の全てを満たす場合です（措令40の8の5㉛、相続税については措令40の8の6㊳）。

一	商品販売その他の業務で一定のものを行っていること
二	上記1.（四の解散を除く。）に該当することとなった時の直前における承継会社の常時使用従業員の総数の2分の1相当数以上の者が、その該当することとなった時から2年経過日まで引き続き会社の常時使用従業員であること
三	二の常時使用従業員が勤務する事務所、店舗、工場その他これらに類するものを所有し、又は賃借していること

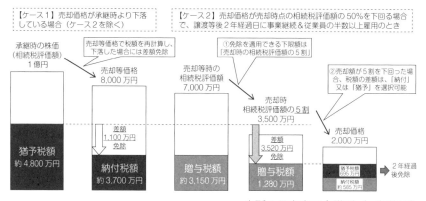

出所：日本商工会議所（一部修正）

Q27 租税回避行為への対応

事業承継税制を使った租税回避行為への対応についての規定を教えてください。

A　事業承継税制を使って、後継者、先代経営者等又はこれらの者の特別関係者の相続税又は贈与税の負担が不当に減少することになるのを防ぐために、相続税法における「同族会社等の行為又は計算の否認等」規定が準用されています。

また、贈与前3年以内の現物出資又は贈与資産が総資産に占める割合が、その贈与時に70％以上の会社の株式等については事業承継税制が適用できません。

● 解説

1．同族会社等の行為又は計算の否認等

承継会社の行為又は計算で、これを容認した場合には、事業承継税制の適用を受ける後継者若しくは先代経営者等又はこれらの者と特別の関係がある者（特別関係者）の相続税又は贈与税の負担が不当に減少する結果となると認められるときは、相続税法64条（同族会社等の行為又は計算の否認等）1項（同条2項において準用する場合を含みます。）及び同条4項の規定が適用され、税務署長は、納税猶予期限を繰り上げ、又は免除する納税の猶予に係る贈与税を定めることができます（措法70の7の5⑩、70の7⑭、70の7の6⑪、70の7の2⑮、70の7の8⑩、相法64①②④）。

2．現物出資等割合が70％以上の会社の適用除外

承継会社が受贈者及びその特別関係者から現物出資又は贈与により取得した資産（「現物出資等資産」といいます。）がある場合に、対象株式等の贈与時における次の割合が70％以上であるときは、その受贈者については事業承継税制の規定は適用できません。

ちなみに、この場合における現物出資等資産は、対象株式等の贈与前3年以内に承継会社が取得したものに限ります（措法70の7の5㉔、70の7㉙、70の7の6㉕、70の7の2㉚）。

$$70\% \leq \frac{\text{現物出資等資産（3年以内にされたものに限る）の価額の合計額}}{\text{承継会社の資産の価額の合計額}}$$

措法70条の7の5（非上場株式等についての贈与税の納税猶予及び免除の特例）
10 70条の7第13項及び14項の規定は、特例経営承継受贈者が1項の規定の適用を受けようとする場合又は同項の規定による納税の猶予がされた場合における国税通則法、国税徴収法及び相続税法の規定の適用について準用する。〔略〕

措法70条の7（非上場株式等についての贈与税の納税猶予及び免除）
14 相続税法64条1項（同条2項において準用する場合を含む。）及び4項の規定は、1項の規定の適用を受ける<u>特例経営承継受贈者</u>若しくは当該特例経営承継受贈者に係る<u>特例贈与者</u>又はこれらの者と政令で定める特別の関係がある者の相続税又は贈与税の負担が不当に減少する結果となると認められる場合について準用する。〔略〕

相法64条（同族会社等の行為又は計算の否認等）
　<u>租税特別措置法70条の7の5第2項1号（非上場株式等についての贈与税の納税猶予及び免除の特例）に規定する特例認定贈与承継会社</u>の行為又は計算で、これを容認した場合においてはその<u>特例経営承継受贈者</u>又は同条1項の特例贈与者その他これらの者と政令で定める特別の関係がある者の相続税又は贈与税の負担を不当に減少させる結果となると認められるものがあるときは、税務署長は、<u>同条の規定の適用に関し</u>、その行為又は計算にかかわらず、その認めるところにより、<u>納税の猶予に係る期限を繰り上げ、又は免除する納税の猶予に係</u>

る贈与税を定めることができる。
2 　前項の規定は、租税特別措置法70条の７の５第２項１号に規定する特例認定贈与承継会社の行為又は計算につき、法人税法132条１項（同族会社等の行為又は計算の否認）若しくは所得税法157条１項（同族会社等の行為又は計算の否認）又は地価税法32条１項（同族会社等の行為又は計算の否認等）の規定の適用があつた場合における当該特例認定贈与承継会社の租税特別措置法第70条の７の５第１項の特例経営承継受贈者の納税の猶予に係る期限の繰上げ又は贈与税の免除の特例について準用する。
4 　合併、分割、現物出資若しくは法人税法２条12号の５の２に規定する現物分配又は同条12号の16に規定する株式交換等若しくは株式移転（以下この項において「合併等」という。）をした法人又は合併等により資産及び負債の移転を受けた法人（当該合併等により交付された株式又は出資を発行した法人を含む。以下この項において同じ。）の行為又は計算で、これを容認した場合においては当該合併等をした法人若しくは当該合併等により資産及び負債の移転を受けた法人の株主若しくは社員又はこれらの者と政令で定める特別の関係がある者の相続税又は贈与税の負担を不当に減少させる結果となると認められるものがあるときは、税務署長は、租税特別措置法70条の７の５の規定の適用に関し、その行為又は計算にかかわらず、その認めるところにより、納税の猶予に係る期限を繰り上げ、又は免除する納税の猶予に係る贈与税を定めることができる。
（注）　下線部分は、租税特別措置法70条の７の５第10項及び70条の７第14項により読み替えています。

第4章

相続税の納税猶予・免除制度

Q28 相続税の納税猶予の適用要件

相続税の納税猶予制度の適用を受けることができる要件を教えてください。

A 相続税の納税猶予制度の適用を受けるためには、経営承継円滑化法に基づく都道府県知事の認定を受け、その認定書を添付して申告する必要があります。相続税の納税猶予制度の適用を受けるための要件は、都道府県知事の認定を受けるための要件と重なっています。

相続税の納税猶予制度の要件は、基本的には贈与税の納税猶予制度における贈与者を被相続人に、受贈者を相続人等に置き換えれば良く、承継会社の要件については、贈与税の納税猶予制度と同じです（Q18参照）。

● 解説

1．被相続人の要件（措法70の7の6①、措令40の8の6①）

一	**下記二以外の場合**：相続開始前に、承継会社の代表権を有していた個人で、次の要件の全てを満たすもの。制限が加えられた代表権はここでいう代表権を有していたことにはなりません。	
	イ	・相続開始直前に、被相続人とその特別関係者が有する承継会社の株式等に係る**議決権数合計がその会社の総株主等議決権数の50％超**であること。 ・被相続人が相続開始直前に承継会社の代表権を有しない場合は、その被相続人が代表権を有していた期間内のいずれかの時及び相続開始直前に特別関係者と合わせて50％超であること

	□	・相続開始直前に、被相続人が有する承継会社の株式等に係る議決権数が、その特別関係者（経営承継相続人等となる者を除く）のうちいずれの者が有する議決権数を下回らないこと（**特別関係者内で筆頭株主であること**） ・被相続人が相続開始直前に承継会社の代表権を有しない場合は、その被相続人が代表権を有していた期間内のいずれかの時及び相続開始直前に筆頭株主であること
ニ	**相続開始直前に、次のいずれかの者がある場合**：承継会社の株式等を有していた個人	
	イ	承継会社の株式等について、特例措置である贈与税の納税猶予、相続税の納税猶予等の適用を受けている者
	ロ	承継会社の代表権を有していた個人（Q18の1．一）から、贈与税の納税猶予の適用に係る贈与により承継会社の株式等を取得している者（イの者を除く）
	ハ	相続税の納税猶予の適用を受ける被相続人から相続又は遺贈により承継会社の株式等を取得している者（イの者を除く）

2．相続人等の要件（措法70の7の6②七）

1．の被相続人から相続又は遺贈により承継会社の株式等の取得をした個人で、次の要件の全てを満たす者（その者が2人又は3人以上である場合には、その承継会社が定めた2人又は3人までに限る。）をいいます。		
イ	相続開始日の翌日から5か月経過日において、承継会社の代表権を有していること	
ロ	相続開始時に、相続人等とその特別関係者の有する承継会社の議決権数合計が、その会社の総株主等議決権数の50％超であること。この場合、総株主等議決権数には、株主総会で決議することのできる事項の全部につき議決権を行使することができない株主を除きます	
ハ	次の区分に応じ次に定める要件を満たしていること	
	(1)	**相続人等が1人の場合** ・相続開始時に、相続人等が有する承継会社の株式等に係る議決権数が、その特別関係者のうちいずれの者が有する承継会社の株式等に係る議決権数を下回らないこと

	(2)	**相続人等が2人又は3人の場合** ・相続開始時に、相続人等が有する承継会社の株式等に係る議決権数が、承継会社の総株主等議決権数の10％以上であること ・上記ロの特別関係者のうちいずれの者が有する承継会社の株式等に係る議決権数をも下回らないこと
ニ	相続人等が、相続開始時から相続に係る相続税申告書の提出期限までその株式等の全てを有していること	
ホ	相続人等が承継会社の株式等について一般措置の適用を受けていないこと	
ヘ	相続人等が、承継会社の経営を確実に承継すると認められる要件を満たしていること（経営承継円滑化法の確認を受けた後継者をいいます。）	

3．承継会社の要件 （措法70の7の6②一）

経営承継円滑化法の認定を受けた会社で、相続開始時に、次の要件の全てを満たすものをいいます。		
イ	常時使用従業員数が1人以上であること	
ロ	資産保有型会社又は資産運用型会社のうち一定のものに該当しないこと	
ハ	承継会社の株式等及びその特定特別関係会社の株式等が非上場株式等に該当すること	
ニ	承継会社及びその特定特別関係会社が風俗営業会社に該当しないこと	
ホ	承継会社の特別関係会社が外国会社に該当する場合にあっては、その会社の常時使用従業員数が5人以上であること	
ヘ	イからホの他、会社の円滑な事業運営確保のために必要とされる要件を備えているもの（措令40の8の6⑨、40の8の2⑩）	
	(1)	経営承継円滑化法の認定を受けた会社の相続開始日の属する事業年度の直前事業年度における総収入金額が零を超えること
	(2)	上記(1)の会社が発行する種類株式（拒否権付種類株式）をその会社に係る相続人等以外の者が有していないこと
	(3)	上記(1)の会社の特定特別関係会社が中小企業に該当すること

Q29 納税猶予分の相続税額の計算

相続税の納税猶予制度を適用した場合に猶予される税額を教えてください。

A 非上場株式等を相続した後継者である相続人等は、事業承継税制（特例措置）を選択した場合、承継会社の株式等について相続税額の全額が猶予されます。

● 解説

　相続又は遺贈により非上場株式等を取得した後継者である相続人又は受遺者は、相続税の納税猶予制度を選択した場合、その相続等に係る相続税について納税の猶予を受けることができます。

　なお、後継者である相続人等が納税猶予制度を選択するかどうかによって、他の相続人等の相続税額に影響を及ぼすことはありません。

　以下、モデルケースで説明します（万円以下は省略しています。）。

1．後継者が1名の場合

【前提条件】

相続財産	6億円、うち非上場株式等1.5億円、金融資産等4.5億円
相続人	妻、長男（後継者）、長女の3名
遺産分割	妻　：3億円（金融資産等） 長男：2億円（非上場株式等1.5億円、金融資産等0.5億円） 長女：1億円（金融資産等）
その他	小規模宅地等評価減、生命保険金・退職金の非課税等の適用はない。

(1)　通常の相続税の計算
① 　課税価格：3億円（妻）＋2億円（長男）＋1億円（長女）＝6億円
② 　課税遺産総額
　　6億円－（3,000万円＋600万円×3人）＝5億5,200万円

③　相続税の総額
　　（5億5,200万円×1／2）×45％－2,700万円＝9,720万円
　　（5億5,200万円×1／2×1／2）×40％－1,700万円＝3,820万円
　　9,720万円＋3,820万円×2 ＝ 1億7,360万円
④　各人の相続税額
　　妻　：1億7,360万円×（3億円／6億円）＝8,680万円
　　長男：1億7,360万円×（2億円／6億円）＝5,787万円
　　長女：1億7,360万円×（1億円／6億円）＝2,893万円

(2)　後継者（長男）の納税猶予分の相続税額の計算
　　後継者（長男）は、対象株式等のみを相続したと仮定して、その相続税額を計算します。
① 　課税価格：3億円（妻）＋1.5億円（長男）＋1億円（長女）＝5.5億円
②　課税遺産総額
　　5.5億円－（3,000万円＋600万円×3人）＝ 5億200万円
③　相続税の総額
　　（5億200万円×1／2）×45％－2,700万円＝8,595万円
　　（5億200万円×1／2×1／2）×40％－1,700万円＝3,320万円
　　8,595万円＋3,320万円×2 ＝ 1億5,235万円
④　後継者の相続税額（＝納税猶予分の相続税額)
　　長男：1億5,235万円×（1.5億円／5.5億円）＝<u>4,155万円</u>

(3)　各人の納付税額
　　妻　：8,680万円－8,680万円（配偶者の税額軽減）＝ 0
　　長男：5,787万円－4,155万円（納税猶予税額）＝1,632万円
　　長女：2,893万円
　　計　：4,525万円

2．後継者が2名の場合
【前提条件】

相続財産	6億円、うち非上場株式等2億円、金融資産等4億円
相続人	妻、長男（後継者）、長女（後継者）の3名
遺産分割	妻　：3億円（金融資産等） 長男：2億円（非上場株式等1.5億円、金融資産等0.5億円） 長女：1億円（非上場株式等0.5億円、金融資産等0.5億円）
その他	小規模宅地等評価減、生命保険金・退職金の非課税等の適用はない。

(1) 通常の相続税の計算

1．(1)と同様。したがって、

④各人の相続税額

　　妻　：1億7,360万円×（3億円／6億円）＝8,680万円
　　長男：1億7,360万円×（2億円／6億円）＝5,787万円
　　長女：1億7,360万円×（1億円／6億円）＝2,893万円

(2) 後継者（長男）納税猶予分の相続税額の計算

　後継者（長男）は、対象株式等のみを相続したと仮定して、その相続税額を計算します。

① 課税価格：3億円（妻）＋1.5億円（長男）＋1億円（長女）＝5.5億円
② 課税遺産総額
　　5.5億円－（3,000万円＋600万円×3人）＝5億200万円
③ 相続税の総額
　　（5億200万円×1／2）×45％－2,700万円＝8,595万円
　　（5億200万円×1／2×1／2）×40％－1,700万円＝3,320万円
　　8,595万円＋3,320万円×2＝1億5,235万円
④ 後継者（長男）の相続税額（＝納税猶予分の相続税額）
　　1億5,235万円×（1.5億円／5.5億円）＝<u>4,155万円</u>

(3) 後継者（長女）納税猶予分の相続税額の計算

　後継者（長女）は、対象株式等のみを相続したと仮定して、その相続税額

を計算します。
① 課税価格：3億円（妻）＋2億円（長男）＋0.5億円（長女）＝5.5億円
② 課税遺産総額
　5.5億円－（3,000万円＋600万円×3人）＝5億200万円
③ 相続税の総額
　（5億200万円×1／2）×45％－2,700万円＝8,595万円
　（5億200万円×1／2×1／2）×40％－1,700万円＝3,320万円
　8,595万円＋3,320万円×2＝1億5,235万円
④ 後継者（長女）の相続税額（＝納税猶予分の相続税額）
　1億5,235万円×（0.5億円／5.5億円）＝<u>1,385万円</u>

⑷　各人の納付税額
　妻　：8,680万円－8,680万円（配偶者の税額軽減）＝0
　長男：5,787万円－4,155万円（納税猶予税額）＝1,632万円
　<u>長女：2,893万円</u>－1,385万円（納税猶予税額）＝1,508万円
　<u>計　：3,140万円</u>

Q30 相続税申告書の提出と継続届出書の提出

相続税の納税猶予制度（特例措置）の適用を受けるための手続きと納税猶予期間中に提出する継続届出書について教えてください。

A　相続税の納税猶予制度（特例措置）の適用を受けるためには、次の手順を踏むことになります。
(1)　特例承継計画の作成と都道府県知事への確認申請
(2)　相続開始後、都道府県知事への認定申請
(3)　相続税申告書の提出

また、相続税の申告書提出後、事業承継税制の適用を受けた相続人等は、都道府県知事への年次報告書とは別に、5年間は毎年、5年経過後は3年毎に、税務署に対して継続届出書を提出しなければなりません。

● 解説

1．相続税に係る事業承継税制の適用を受けるための手続き

相続税の納税猶予を受けるためには、次の手順で進めることになります。

(1)　特例承継計画の作成と都道府県知事への確認申請

特例承継計画（様式第21）に、後継者の氏名や事業承継の時期、承継時までの経営の見通しや承継後5年間の事業計画等に加え、認定経営革新等支援機関による指導及び助言等を記載して、平成35年3月31日までに都道府県知事宛てに提出します。

相続開始後、都道府県知事への認定申請時（下記(2)）までに提出することもできますが、平成35年4月1日以後の提出は受理されません。

特例承継計画（様式第21）の「4　特例代表者が有する株式等を特例後継者が取得するまでの期間における経営の計画について」欄は、株式等の相続後に本計画を作成する場合や、既に先代経営者が役員を退任している場合には記載不要です。

都道府県知事は、特例承継計画の申請を受けた場合、確認書（様式第22）を交付し、又は確認しない旨（様式第23）の通知をします。

(2) **都道府県知事への認定申請**

相続開始後5か月経過日（第一種特例相続認定申請基準日）から8か月経過日までの間に本社が所在する都道府県知事宛に様式第8の3（第一種特例相続認定の場合）を提出します。

後継者は、相続開始後5か月以内に代表者となり、かつ、8か月以内に（少なくとも承継しようとする）株式等については遺産分割協議が終了している（又は遺言書等がある）必要があります。

(3) **相続税申告書の提出**

相続人又は受遺者（後継者）は、被相続人の相続開始後10か月以内に、事業承継税制（特例措置）の適用を受ける旨の相続税申告書を被相続人の住所地の所轄税務署長宛に提出します（措法70の7の6①）。

この場合において、事業承継税制（特例措置）の適用を受けるためには、次のいずれかである必要があります。

1	平成30年1月1日から平成39年12月31日までの間の最初の相続又は遺贈による取得
2	1の取得日から特例経営承継期間（注）の末日までの間に相続税申告書の提出期限が到来する相続又は遺贈による取得

（注） 特例経営承継期間：相続に係る相続税申告書の提出期限の翌日から次に掲げる日のいずれか早い日又は後継者の死亡の日の前日のいずれか早い日までの期間をいいます（措法70の7の6②六）。

イ	後継者の最初の相続に係る相続税申告書の提出期限の翌日以後5年経過日
ロ	後継者の最初の贈与日の属する年分の贈与税申告書の提出期限の翌日以後5年経過日

【相続税の納税猶予を受けるための手続きフロー】

納税猶予を受けるためには、「都道府県知事の認定」、「税務署への申告」の手続きが必要となります。

提出先 ● 提出先は「主たる事務所の所在地を管轄する都道府県庁」です。
● 平成30年1月1日以降の相続について適用することができます。

都道府県庁

特例承継計画の策定
確認申請
● 会社が作成し、認定経営革新等支援機関（商工会、商工会議所、金融機関、税理士等）が所見を記載。
● 平成35年3月31日まで提出可能です。
※平成35年3月31日までに相続が発生した場合、相続後、認定申請時までに特例承継計画を作成・提出することも可能です。

相続又は遺贈

認定申請
● 相続の開始の日の翌日から8か月以内に申請（相続の開始の日の翌日から5か月を経過する日以後の期間に限ります。）
● 特例承継計画を添付。

税務署

税務署へ申告
● 認定書の写しとともに、相続税の申告書等を提出。

出所：中小企業庁「経営承継円滑化法　申請マニュアル」

2．納税猶予期間中に提出しなければならない継続届出書

(1) 継続届出書の提出

事業承継税制の適用を受ける後継者は、相続税申告書の提出期限の翌日から納税猶予期限が確定する日までの間に報告基準日が存する場合には、届出期限までに、引き続いて事業承継税制の適用を受けたい旨及び承継会社の経営に関する事項を記載した届出書を納税地の所轄税務署長に提出しなければなりません（措法70の7の6⑦）。

この場合における届出期限は、第一種基準日の翌日から5か月を経過する日及び第二種基準日の翌日から3か月を経過する日をいいます。

なお、継続届出書が届出期限までに納税地の所轄税務署長に提出されない場合には、猶予中贈与税額に相当する相続税は、届出期限の翌日から2か月

経過日をもって納税猶予期限となります（措法70の7の6⑨）。

(2) 5年経過時の継続届出書に添付すべき書類

　贈与税に係る事業承継税制（特例措置）と同様に、相続税に係る事業承継税制（特例措置）についても、雇用の5年平均8割水準維持の要件（雇用確保要件）が除かれています（措法70の7の6③かっこ書）。

　ただし、経営報告基準日が特例経営承継期間の末日である場合において、雇用確保要件を満たしていないときは、継続届出書に「特例承継計画に関する報告書」（様式第27）の写し及び「施行規則第20条第14項の規定による確認書」（様式第28）の写しを添付しなければなりません（措法70の7の6⑦、措令40の8の6㉗五、措規23の12の3⑮六）。

　これらの書類を継続届出書に添付できない場合は、猶予中相続税額に相当する相続税は、届出期限の翌日から2か月経過日をもって納税猶予期限となります（措法70の7の6⑨）。

【相続税の納税猶予を継続するための手続きフロー】

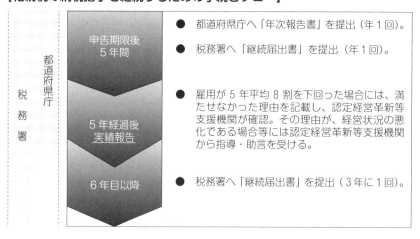

出所：中小企業庁「経営承継円滑化法　申請マニュアル」

Q31 相続税の納税猶予期限の確定と猶予税額の免除

事業承継税制の適用を受けて納税が猶予されていた相続税の猶予期限が確定する場合、あるいは猶予税額が免除される場合とは、どのような場合でしょうか。

A 後継者又は承継会社について一定事由が生じた場合には、納税猶予期限が確定し、その該当することとなった日から2か月を経過する日が相続税の納税猶予期限となり、猶予中相続税額に利子税を加えて納付しなければなりません（Q23参照）。一方、納税猶予を受けていた相続税について、後継者が死亡した場合その他一定の場合には、その猶予税額は免除されます（Q25参照）。

● 解説
1．納税猶予期限が確定する場合
下記(1)から(3)及び(5)における一定の場合とは、贈与税の納税猶予期限が確定する場合に準じています（Q23参照）。

(1) 5年間の承継期間内の全部確定

事業承継税制の適用を受ける後継者（相続人等）又は承継会社について、後継者が承継会社の代表権を有しなくなった等一定の場合に該当することとなった場合には、猶予中相続税額に相当する相続税の全部について、その該当することとなった日から2か月経過日が納税猶予期限となります（措法70の7の6③、70の7の2③（第2号を除く。）、措令40の8の2㉛）。

ただし、その2か月経過日までの間にその後継者が死亡した場合には、その後継者の相続人等が後継者の死亡開始があったことを知った日の翌日から6か月経過日が期限となります（以下、(2)〜(4)において同じ。）。

(2) 5年間の承継期間内の一部確定

事業承継税制の適用を受ける後継者（相続人等）又は承継会社について、後継者が承継会社の代表権を有しないこととなり、その後継者が対象株式等の一部につき事業承継税制に係る贈与をしたとき等一定の場合に該当するこ

こととなったときには、一定の金額に相当する相続税については、該当することとなった日から2か月経過日が納税猶予期限となります（措法70の7の6③、70の7の2④）。

(3) 5年間の承継期間後の確定

経営承継期間の末日の翌日から猶予中相続税額に相当する相続税の全部について納税猶予期限が確定する日までの間において、後継者又は承継会社について、後継者が承継した株式等の一部を譲渡又は贈与（「譲渡等」という。）した等<u>一定の場合</u>に該当することとなった場合には、一定の金額に相当する相続税については、該当することとなった日から2か月経過日が納税猶予期限となります（措法70の7の6③、70の7の2⑤）。

(4) 継続届出書を提出しなかった場合の確定

継続届出書が届出期限までに納税地の所轄税務署長に提出（Q30参照）されない場合は、その届出期限における猶予中相続税額に相当する相続税については、その届出期限の翌日から2か月経過日が納税猶予期限となります（措法70の7の6⑨、70の7の2⑫）。

(5) 納税猶予期限の繰上げ

税務署長は、後継者が担保確保のため必要な行為をすべき命令に応じない<u>等一定の場合</u>には、猶予中相続税額に相当する相続税に係る納税猶予期限を繰り上げることができます（措法70の7の6⑩、70の7の2⑬）。

2．納税猶予税額が免除される場合

下記における<u>一定の場合</u>とは、贈与税の納税猶予が免除される場合に準じています（Q25参照）。

(1) 猶予税額の全額免除

事業承継税制の適用を受けている相続人等（後継者）が死亡した場合、又は5年間の承継期間の末日の翌日以後に相続人等が対象株式等を事業承継税制の適用に係る贈与をした場合に該当することとなったときには、それぞれに定める相続税が免除されます。

この場合、相続人等又はその相続人等の相続人は、その<u>該当することとなった日以後、原則として6か月経過日</u>（免除提出期限）までに一定事項を

記載した届出書を納税地の所轄税務署長に提出しなければなりません（措法70の7の6⑫、70の7の2⑯）。

(2) **5年間の承継期間後における猶予税額の一部免除**

　事業承継税制の適用を受けている相続人等（後継者）又は承継会社が、5年間の承継期間の末日の翌日以後に相続人等が対象株式等の全部を一人に対して譲渡等する等一定の場合に該当することとなったときにおいて、相続人等がそれぞれに定める相続税の免除を受けようとするときは、それぞれに該当することとなった日から2か月経過日（申請期限）までに、免除を受けたい旨、免除申請相続税額及びその計算明細等を記載した申請書を納税地の所轄税務署長に提出しなければなりません（措法70の7の6⑫、70の7の2⑰）。

第5章
贈与者が死亡した場合の相続税の課税の特例

Q32 みなし相続による相続税の課税

事業承継税制の適用を受けて株式等の贈与を受けていた場合において、その贈与者が死亡した場合の贈与税と相続税の課税関係はどうなるのでしょうか。

A 事業承継税制の適用を受けて株式等の贈与を受けていた場合において、その贈与者が死亡したときは、猶予されていた贈与税は免除されます。一方、後継者は対象株式等を相続又は遺贈により取得したものとみなされ、対象株式等は相続税の対象となります（以下「みなし相続」といいます。）。

なお、相続税の課税対象とみなされた対象株式等については、相続税の納税猶予制度を適用することができます（Q33参照）。

● 解説

1．贈与者が死亡した場合の猶予中贈与税額の免除

贈与税に係る事業承継税制の適用を受けている受贈者に係る贈与者（先代経営者）が死亡した場合には、猶予中贈与税額のうち、贈与者が贈与した対象株式等に対応する部分として計算した金額相当の贈与税が免除されます（措法70の7の5⑪、70の7⑮：Q25参照）。

2．贈与者が死亡した場合における後継者に対する相続税の課税（措法70の7の7①）

①	贈与税に係る事業承継税制の適用を受けている受贈者に係る贈与者（先代経営者等）が死亡した場合（注）には、
②	贈与者の死亡による相続又は遺贈に係る相続税については、
③	受贈者がその贈与者から相続又は遺贈により
④	対象株式等の取得をしたものとみなされます（みなし相続）。
⑤	この場合において、その死亡による相続又は遺贈に係る相続税の課税価格の計算の基礎に算入すべき対象株式等の価額については、

⑥	贈与者から贈与により取得をした対象株式等の贈与時における価額を基礎として計算します。

(注) 死亡日前に猶予中贈与税額に相当する贈与税の全部につき納税猶予期限が確定した場合（Q23参照）及び贈与者の死亡時以前に受贈者が死亡した場合を除きます。

3．後継者が5年間の承継期間後に3代目に贈与した場合の規定（措法70の7の7②）

　事業承継税制の適用を受けている受贈者に係る贈与が、事業承継税制に係る贈与者の措置法70条の7第15項3号に係る贈与である場合（注）における2．の規定の適用については、次のようになります。

(注) 5年間の承継期間の末日の翌日以後に、受贈者（2代目）が対象株式等を3代目に事業承継税制に係る贈与をした場合。措置法70条の7の5第11項（特例措置）で準用する場合を含みます。

①	贈与税に係る事業承継税制の適用を受けている前の贈与者（1代目）が死亡した場合（注）には、
②	前の贈与者（1代目）の死亡による相続又は遺贈に係る相続税については、
③	受贈者（3代目）が前の贈与者（1代目）から相続又は遺贈により
④	対象株式等の取得をしたものとみなされます。
⑤	この場合において、その1代目の死亡による相続又は遺贈に係る相続税の課税価格の計算の基礎に算入すべき対象株式等の価額については、
⑥	前の贈与者（1代目）から最初の贈与により取得をした対象株式等のその贈与時における価額を基礎として計算します。

(注) 死亡日前に猶予中贈与税額に相当する贈与税の全部につき納税猶予期限が確定した場合（Q23参照）及び贈与者の死亡時以前に受贈者が死亡した場合を除く。

Q33 相続税の納税猶予・免除制度の切替制度の適用

贈与税の納税猶予制度の適用を受けていた場合に、贈与者が死亡したときには相続税の納税猶予制度に切り替えることができるそうですが、説明してください。

A 事業承継税制の適用を受けて株式等の贈与を受けていた場合において、その贈与者が死亡したときは、猶予されていた贈与税は免除されます。一方、後継者は対象株式等をその贈与者から相続又は遺贈により取得したものとみなされ、対象株式等は相続税の課税対象となります（Q32参照）。

ただし、後継者が相続税の納税猶予制度を適用するのであれば、対象株式等についての相続税の課税を猶予することができます。

● 解説

1．事業承継税制に係る贈与者が死亡した場合の相続税の納税猶予（措法70の7の8①）

①	贈与税に係る事業承継税制の適用を受けている受贈者に係る贈与者（先代経営者等）が死亡した場合において、
②	贈与者の死亡による相続又は遺贈に係る相続税について、
③	受贈者が贈与者から相続又は遺贈により取得をしたものとみなされた対象株式等につき
④	受贈者が、その相続に係る相続税申告書の提出により納付すべき相続税額のうち、
⑤	対象株式等でその相続税申告書に事業承継税制の規定の適用を受けようとする旨の記載があるものに係る納税猶予分の相続税額相当の相続税については、
⑥	その相続税申告書の提出期限までに納税猶予分の相続税額相当の担保を提供した場合に限り、
⑦	受贈者の死亡の日まで、その納税が猶予されます。

2．納税猶予分の相続税額の計算

納税猶予分の相続税額は、対象株式等について贈与時の評価額を相続時の評価額とみなして計算した後継者の相続税額です（措法70の7の8①、措令40の8の8⑧、40の8の6⑯）。

計算例は、Q29を参照してください。

3．5年間の承継期間の通算

事業承継税制の適用に係る贈与日の属する年分の贈与税申告書の提出期限の翌日から、次のいずれか早い日までの間に贈与者に相続が開始した場合の5年間の承継期間は、その相続開始日から次のいずれか早い日又は受贈者（後継者）の死亡の日の前日のいずれか早い日までの期間をいいます（措法70の7の8②五）。

イ	受贈者（後継者）の最初の贈与税に係る事業承継税制の規定の適用に係る贈与日の属する年分の贈与税申告書の提出期限の翌日以後5年経過日
ロ	受贈者（後継者）の最初の相続税に係る事業承継税制の規定の適用に係る相続税申告書の提出期限の翌日以後5年経過日

4．納税猶予期限の確定する場合

相続税の納税猶予制度が確定する場合に準じています（Q31、23参照。措法70の7の8③⑧⑨、70の7の2③（第2号を除く）④⑤⑫⑬）。

5．納税猶予税額が免除される場合

相続税の納税猶予税額が免除される場合に準じています（Q31、25参照。措法70の7の8⑪、措法70の7の2⑯⑰）。

6．切替え手続き

次の手順で行うことになります。
(1) 都道府県知事への報告

認定の有効期限（贈与税の申告期限の翌日から5年経過日）までに贈与者の相続が開始した場合にあっては、その贈与者の相続開始日の翌日から8か

月経過日までに、様式第15の臨時報告書により都道府県知事に報告しなければなりません（円滑化規12⑪）。

なお、認定有効期限後に贈与者の相続が開始した場合には、この報告は必要ありません。

(2) 都道府県知事への切替え確認

贈与者の相続が開始した場合には、その相続開始日の翌日から8か月経過日までに、様式第17の確認申請書に必要書類を添付して都道府県知事に提出しなければなりません（円滑化規13①②）。

(3) 贈与税の特例措置に係る免除届出

贈与税に係る事業承継税制の適用を受けている受贈者に係る贈与者が死亡した場合には、猶予中贈与税額のうち、贈与者が贈与をした対象株式等に対応する額として計算した金額に相当する贈与税が免除されます。

この場合において、受贈者は、その該当することとなった日から10か月経過日（免除提出期限）までに一定事項を記載した届出書を納税地の所轄税務署長に提出しなければなりません（措法70の7の5⑪、70の7⑮）。

(4) 相続税申告書の提出

相続税申告書にこの贈与者が死亡した場合の相続税の納税猶予制度の適用を受けようとする旨を記載し、必要書類とともに提出期限（相続開始後10か月）までに申告します（措法70の7の8①）。

第6章
メリット・デメリット・留意点

Q34 暦年課税制度と相続時精算課税制度

事業承継税制を適用して株式を贈与する際に、暦年課税制度と相続時精算課税制度のどちらを選択すればよいでしょうか。メリット、デメリットを教えてください。

A　どちらを選択するかにより猶予税額が異なりますが、猶予期限確定事由に該当しない限り、最終的には免除されるので実質的な差異はありません。
　しかし、確定事由に該当した場合には、税負担額に差異が生じます。

● 解説

1．納税猶予額の差異

(1) 確定事由に該当しない場合

　例えば、評価額1億円の株式を贈与する場合

　暦年課税制度（20歳以上の直系卑属への贈与）では、

　（1億円－110万円）×55％－640万円＝4,799.5万円

　相続時精算課税制度では、

　（1億円－2,500万円）×20％＝1,500万円

と、計算上約3,300万円の差異が生じますが、事業承継税制を選択すれば猶予される金額が異なるだけで、どちらも税負担は生じません。

　納税猶予が続いている限りどちらを選択しても税負担はなく、猶予税額は贈与者又は受贈者の死亡等により免除されます。

　贈与者の相続時には、贈与時の評価額をもって相続財産とみなされて相続税を計算することになるため、納税猶予が確定していない限り、贈与時にどちらを選択しようが相続税に差異は生じません。

　また、相続時に相続税に係る事業承継税制を選択しなかった場合でも、納税額に差異はありません。

(2) 確定事由に該当した場合

贈与税の猶予期限確定事由（Q23参照）に該当した場合は、猶予していた贈与税を支払わなければならないため、税負担額に差異が生じます。

上記例でいえば、暦年課税制度を適用していた場合、相続時精算課税制度を選択していた場合と比較して約3,300万円もの税支出を余分に強いられることになります（利子税は考慮していません。）。

また、贈与時から贈与者の相続開始まで3年超経っていると、「相続開始前3年以内贈与」規定（相法19）の適用はなく、支払った贈与税を相続時に精算（持戻し）することができません。

相続時精算課税制度を選択していると、確定事由に該当した場合の税負担を抑えることができるとともに、支払った贈与税は相続の際に、相続税で精算（持戻し）することになります。

したがって、相続税の税率累進度＜贈与税の税率累進度ですので、相続時精算課税制度を選択した方が有利だと言えます。

【暦年贈与制度と相続時精算課税制度の比較事例】

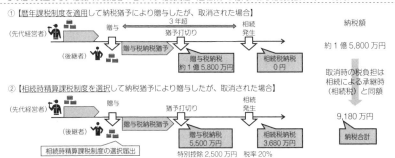

（出所：中小企業庁「平成29年度税制改正の概要について」を基に加工）

2．暦年課税制度を適用する場合

相続時精算課税制度を選択すると、その後、その贈与者と受贈者間においては、暦年課税制度による贈与は使えなくなります。

当事者間においての贈与は、たとえ少額、110万円超はもちろん110万円以下であっても相続時精算課税制度の対象となり、贈与者の相続時には相続税の対象となります。

株式以外の財産の贈与を考えているのであれば、そちらの贈与を先に実行した上で、株式について相続時精算課税制度を選択した事業承継税制を適用して贈与すればよいでしょう。

また、不動産等高額の財産の贈与を予定している場合、株式贈与に先立ってその不動産等の贈与に相続時精算課税制度を使うことで、相続時精算課税制度における特別控除額2,500万円をその不動産等に適用することができます。株式贈与を先に行うと、その不動産等が2,500万円以下であっても贈与時に20％の税負担が生じます（Q19図2、3参照）。

3．相続時精算課税制度の選択の際に留意すべき点

上記1．(2)にかかわらず、相続時精算課税制度を選択して贈与税に係る事業承継税制を適用した場合、暦年課税制度を適用したときと比較して留意すべき点があります。

(1) 事業継続が困難な場合の猶予税額の免除規定との関係

事業継続が困難な事由が生じた場合の免除規定（Q26参照）の課税関係について、暦年課税制度を適用した場合と、相続時精算課税を選択した場合を比較してみます。

① 暦年課税制度を適用していた場合

暦年課税制度による事業承継税制を適用していた場合には、その免除時に、その免除時の評価額で再計算した暦年課税制度による猶予税額を納付することになります。贈与時の猶予税額と再計算時の猶予税額との差額は免除され、譲渡等時点で課税関係が終了します。その後の贈与者の相続時における相続税には影響しません。

② 相続時精算課税制度を選択していた場合

　相続時精算課税制度による事業承継税制を選択していた場合には、その免除時にその時の評価額で再計算した相続時精算課税制度による猶予税額を納付するとともに、その贈与者の相続時には、その贈与財産の贈与時の評価額を相続財産に加算して相続税の計算をすることになります。

　結果、事業継続困難事由に該当して贈与税の一部免除を受けても、贈与者の相続時における相続税の計算については、再評価前の評価額（贈与時の評価額）が相続財産とみなされて相続税が課税されることになります。ただし、その計算された相続税額から控除する相続時精算課税制度による贈与税額は、実際に納付した税額ではなく課せられた税額、すなわち贈与時の評価額に基づいて計算された贈与税額です。

(2) 贈与者の死亡時以前に受贈者が死亡した場合
① 暦年課税制度を適用していた場合

　受贈者（後継者）の死亡時に猶予されていた贈与税は免除されます（措法70の7の5⑪、70の7⑮一：Q25参照）。その後に贈与者（先代経営者等）が死亡しても、その贈与者の相続に係る相続税には影響しません。

　すなわち、受贈者の相続人（三代目）は、受贈者（二代目）の相続に係る相続税だけが課税されることになります。

② 相続時精算課税制度を選択していた場合

　受贈者（二代目）の死亡時に猶予されていた贈与税が免除されることは①と変わりありません。

　しかし、その受贈者の相続人（包括受遺者を含む。三代目）は、その受贈者（二代目）が有していた納税に係る権利・義務を承継するため、贈与者（先代経営者等）の死亡時にその相続時精算課税制度を適用して贈与を受けた財産について、相続により取得したものとして相続税が課されます（相法21の17、相基通21の17-1）。

　すなわち、①とは異なり、受贈者の相続人（三代目）は、相続税が二度課税されることになります。

Q35 複数承継者の問題

事業承継税制（特例措置）では、複数の株主からの株式承継について、事業承継税制が認められることになりましたが、その問題点を教えてください。

A　平成30年度に創設された事業承継税制（特例措置）では、従来の一般承継と異なり、複数者からの承継が認められています（Q11参照）。
　この規定を適用することは株式の集約化に資することになりますが、株式を承継した贈与者等の相続税の問題を考えると、全ての株主からの承継について事業承継税制を適用することをお勧めすることはできません。
　ちなみに、従来からの一般措置についても、複数承継者を認める改正が行われています。

● 解説

1．受贈者等についての問題

　複数者からの株式承継に対して事業承継税制が使えるようになったことで、後継者が資金負担なく株式を集約しやすくなりました。
　同族内筆頭株主である経営者（ここでは、仮に父とします。）の妻（母）や祖父母等、同族内の尊属が所有する株式についても、事業承継税制を適用して贈与等により承継することができます。
　同様に、後継者の兄弟姉妹、同族内傍系株主である叔父・叔母、従兄弟や、創業メンバーの番頭等同族外の個人株主からの株式承継についても、事業承継税制を使うことで、資金負担なしに株式の集約化を図ることができます。

2．贈与者等についての問題

(1) 母、祖父母からの承継

　母、祖父母からの株式承継については、元々、時機を見て後継者に無償で株式を承継させようと考えている、あるいは毎年のように基礎控除（110万円）の範囲内で、又は基礎控除を多少超える程度の価額の株式を贈与している場合が多いので、事業承継税制の適用を受けて、父からの贈与に続き、一気に母、祖父母からの贈与によって承継させることをお勧めします。

(2) 兄弟姉妹からの承継

　後継者の兄弟姉妹からの株式承継については、そもそも、その兄弟姉妹が所有する株式は、贈与税又は相続税の負担を別にすれば、父母や祖父母から贈与により対価なしで移転を受けているケースが多いと考えられます。

　したがって、兄弟姉妹が父母等から贈与により株式を取得しており、かつ、その贈与者（父母等）が存命の場合にはその贈与者からの説得も期待できるため、比較的スムーズに事業承継税制を使って株式を承継することができると考えます。

　兄弟姉妹が株式を購入している場合には、その購入価額を下回って無償で贈与を受けることに兄弟姉妹は抵抗するものと思われます。兄弟姉妹の所有株式数がそれほど多くない場合は、売買で取得することも検討するべきでしょう。

　なお、時価（原則的評価額）が、兄弟姉妹の取得価額を上回っている場合で、兄弟姉妹からその取得価額で購入するときは、時価と購入価額との差額が贈与税の対象となりますが、その贈与税相当額については事業承継税制を適用することはできません。

(3) 叔父・叔母、従兄弟等親族内傍系株主からの承継

　同族内傍系株主である叔父・叔母、従兄弟等から株式を承継する場合も、事業承継税制を適用することができますが、無償での取得は相手側にとって納得できないと思われます。

　叔父等は、祖父母の相続の際に、遺産分割の一環で株式を相続していることが多く、株式に財産価値を認めています。

　したがって、時価（原則的評価額）で経営者である父が取得し、父から事

業承継税制を適用して贈与を受けることが考えられます。

なお、時価（原則的評価額）が、叔父等が相続を受けた時の相続税評価額を上回っている場合で、叔父等からその相続時の相続税評価額で購入するときは、時価と購入価額との差額が贈与税の対象となりますが、その贈与税相当額については事業承継税制を適用することはできません。

叔父等から事業承継税制を使って贈与により株式を承継していた場合には、叔父等の相続の際の相続税申告書に、誰が生前に贈与を受けたのか、その株式価額はいくらだったのかが記載されます。

株式を受贈した後継者は相続税に係る事業承継税制を適用するため、後継者は叔父等の相続に際して相続税を負担する必要はありませんが、叔父等の相続人である従兄弟にとっては、（その贈与株式がなかったものとした場合の相続税負担額と比較して）相続税負担が増加するため、納得できない可能性があります。

事前に株式を贈与する等、叔父等から従兄弟に説明して納得して貰っておくことが望ましいと考えます。

(4) **同族外個人株主からの承継**

創業メンバーの番頭等同族外の個人株主からの株式承継にも事業承継税制を適用することができますが、無償での取得は相手側にとって抵抗が多いようです。

また、同族外個人株主から事業承継税制を使って贈与により株式を承継していた場合には、その同族外個人株主の相続の際の相続税申告書に、誰が生前に贈与を受けたのか、その株式価額はいくらだったのかが記載されます。

更に、その相続税申告書に記載される株式の評価額は、その同族外個人株主の相続人が株式を承継する場合は特例的評価額（配当還元価額）であると考えられますが、後継者が事業承継税制を使って株式を承継する場合は原則的評価額で評価されることになります。

株式を受贈した後継者は相続税に係る事業承継税制を適用するため、その後継者はその同族外個人株主の相続に際して相続税を負担する必要はありませんが、同族外個人株主の相続人にとっては、（その贈与株式がなかったものとした場合の相続税負担と比較して、あるいはその贈与株式を少数株主と

して特例的評価額で評価した場合と比較して）相続税負担が増加するため、納得できない可能性があります。

　したがって、経営者である父が取得し、父から事業承継税制を適用して贈与を受けることが考えられます。

Q36 複数後継者の問題

事業承継税制（特例措置）では、3人までの複数後継者が認められましたが、その問題点を教えてください。

A 平成30年度に創設された事業承継税制（特例措置）では、従来の一般措置と異なり、後継者を3人まで認めています（Q10参照）。
　この規定を適用することにより複数の後継者に株式を承継させることができるようになりましたが、経営権の問題、3代目への株式承継の問題を考えると、必ずしもお勧めできる訳ではありません。

● 解説

1．経営権の問題

　事業承継税制（特例措置）では、代表権を持たせることを条件に、3人までの複数後継者がこの制度の適用を受けることを容認しています。
　複数経営権の是非は税務の問題ではなく経営の問題ですが、複数名が代表権を持つことにより、各人の意見が異なった場合、会社としての意思決定が遅れ、最終的にはお家騒動に発展する可能性があります。
　集団指導体制だという言い方もありますが、筆者の経験から言えば、意思決定権限は1人に絞るべき（代表権は1人だけに持たせるべき）だと考えます。

2．3代目への株式承継の問題

　事業承継税制（特例措置）は、期間10年（平成39年12月31日）までの時限立法です。
　したがって、特例措置の延長がなければ、それ以後の事業承継税制は、一般措置だけが残ることになります。

10年の間であれば、現経営者から複数の２代目後継者に対して事業承継税制（特例措置）を適用して株式承継を図ることはできますが、10年経過後の２代目から３代目への株式承継時には、特例措置は期限到来によって廃止になっている可能性があります。

　その場合、例えば、同族内筆頭株主である長男所有の株式はその子息に事業承継税制（一般措置）を使って承継させることができますが、次男及び三男が所有する株式は、その子息への承継に際して事業承継税制を適用することはできません。

　事業承継税制（特例措置）を受ける要件として、次男及び三男は総株主等議決権数の10％以上の株式を保有している必要があり、株価によってはそれぞれの子息への株式承継時に想定外の税負担（贈与税又は相続税）を強いられる可能性があります。その税負担を避けるためには、事業承継税制を使って長男の子息に承継させるしかありません（平成30年改正により、従来からの一般措置についても複数承継者が認められています。（Q11参照））。

　複数後継者が10％以上の株式を所有することで、３代目への株式承継時に税負担格差が生じることになります。

　事業承継税制（特例措置）を適用して複数後継者に対して株式承継することは、株式承継時の税負担問題を先送りする結果に繋がるのではないかと懸念します。

【参考資料】

- 国税庁「非上場株式等についての贈与税・相続税の納税猶予・免除（事業承継税制）のあらまし」
- 財務省「平成30年度　税制改正の解説」
- 中小企業庁財務課「特例承継計画に関する指導及び助言を行う機関における事務について」（特例承継計画記載マニュアル）
- 中小企業庁「特例承継計画の確認申請手続き」
- 中小企業庁「経営承継円滑化法　申請マニュアル」（申請マニュアル）

【事務所概要】

税理士法人タクトコンサルティング

税理士・公認会計士の専門家集団として、併設する株式会社タクトコンサルティングと連携して、相続対策と相続税申告、事業承継対策、資本政策、組織再編成、M&A、信託、社団・財団、医療法人等の特殊業務に係る現状分析、問題点抽出、解決手段の立案・実行という一貫したサービスを提供している資産税専門のコンサルティングファーム。
株式会社タクトコンサルティングでは商事信託の媒介（信託契約代理業務）も取り扱う。
その特性を生かし、全国約360の会計事務所と提携し、当該会計事務所の顧問先に対する資産税サービスを提供している。

e-mail：info@tactnet.com
URL：https://www.tactnet.com
TEL：03-5208-5400
FAX：03-5208-5490

【執筆者　紹介】

玉越　賢治（たまこし　けんじ）

税理士
関西大学経済学部卒業。商工中金（商工組合中央金庫）、リクルートを経て、
平成6年　　株式会社タクトコンサルティング入社　同年税理士登録
平成15年　税理士法人タクトコンサルティング設立　代表社員就任
平成24年　株式会社タクトコンサルティング　代表取締役社長就任

【主な役職】
中小企業庁　　　　　「事業承継検討会」委員
同　　　　　　　　　「事業承継ガイドライン改訂小委員会」委員
日本商工会議所　　　「税制専門委員会」学識委員
東京商工会議所　　　「税制委員会」委員
同　　　　　　　　　「事業承継対策委員会」学識委員　等を歴任する。

【主な著書・共著】
「新・事業承継税制 Q&A」（日本法令）
「金融機関のための事業承継の手引き」（経済法令研究会）
「事業承継　実務全書」（日本法令）
「中小企業の事業承継　M&A活用の手引き」（経済法令研究会）
「税理士なら知っておきたい　相続の手続・税務・調査対応 Q&A」（中央経済社）
「ここまで知っておきたい相続・贈与の実務対策」（中央経済社）
「専門家のためのQ&A　経営承継円滑化法・事業承継税制徹底活用」（ぎょうせい）
他多数

本書の内容に関するご質問は、ファクシミリ等、文書で編集部宛にお願い致します。(fax　03-6777-3483)
なお、個別のご相談は受け付けておりません。

本書刊行後に追加・修正事項がある場合は、随時、当社のホームページにてお知らせ致します。

新事業承継税制の要点を理解する

平成30年11月5日　初版第1刷印刷
平成30年11月15日　初版第1刷発行

（著者承認検印省略）

Ⓒ　著者　玉越賢治

発行所　税務研究会出版局

週刊「税務通信」発行所
　　　「経営財務」

代表者　山　根　毅

〒100-0005
東京都千代田区丸の内1-8-2　鉄鋼ビルディング
振替00160-3-76223

電話	［書籍編集］	03	(6777)	3463
	［書店専用］	03	(6777)	3466
	［書籍注文］	03	(6777)	3450
	（お客さまサービスセンター）			

各事業所　電話番号一覧

北海道	011	(221)	8348	関　西	06	(6943)	2251
東　北	022	(222)	3858	中　国	082	(243)	3720
関　信	048	(647)	5544	九　州	092	(721)	0644
中　部	052	(261)	0381	神奈川	045	(263)	2822

当社HP　https://www.zeiken.co.jp

乱丁・落丁の場合は、お取替え致します。　　印刷・製本　三松堂株式会社
ISBN978-4-7931-2380-1